NOTÍCIAS
EM
TRÊS LINHAS

NOTÍCIAS EM TRÊS LINHAS

F.F.

FÉLIX FÉNÉON

TRADUÇÃO E ORGANIZAÇÃO
ADRIANO LACERDA E MARCOS SISCAR

ROCCO

Título original
NOUVELLES EN TROIS LIGNES

Copyright da tradução e prefácio © 2018 *by* Editora Rocco Ltda.

Direitos para a língua portuguesa reservados
com exclusividade para o Brasil à
EDITORA ROCCO LTDA.
Av. Presidente Wilson, 231 – 8º andar
20030-021 – Rio de Janeiro – RJ
Tel.: (21) 3525-2000 – Fax: (21) 3525-2001
rocco@rocco.com.br
www.rocco.com.br

Printed in Brazil/Impresso no Brasil

Curadoria da coleção
MIGUEL CONDE

CIP-Brasil. Catalogação na fonte.
Sindicato Nacional dos Editores de Livros, RJ.

F377n   Fénéon, Félix, 1861–1944
        Notícias em três linhas / Félix Fénéon; coordenação de Miguel Conde;
       tradução de Adriano Lacerda e Marcos Siscar. – 1ª ed. – Rio de Janeiro:
       Rocco, 2018.
        (Marginália)

       Tradução de: Nouvelles en trois lignes

       ISBN 978-85-325-3097-4 (brochura)

       ISBN 978-85-8122-726-9 (e-book)

       1. Fénéon, Félix, 1861–1944. 2. Jornalismo – Aspectos sociais.
      I. Conde, Miguel. II. Lacerda, Adriano. III. Siscar, Marcos.
      IV. Título. V. Série.

17-45836   CDD-070
                                                                      CDU-070.4

PREFÁCIO

Félix Fénéon ou a matéria bruta dos fatos

F.F. intelectual e anarquista

Para muitos franceses, hoje, "Félix Fénéon" é o nome de um prêmio que atribui bolsas a escritores e artistas plásticos em início de carreira, preferencialmente "de menos de 35 anos, de condição modesta, a fim de ajudar em sua formação". Entregue aos cuidados da Universidade de Paris, o prêmio (que, no passado, já foi discernido a escritores como Michel Butor, Jacques Roubaud e Patrick Modiano), é mantido com capital obtido na venda da preciosa coleção de quadros deixada pelo patrono. Esse modo de sobrevivência do nome diz muito sobre o crítico e ativista Félix Fénéon (1861-1944), que se tornou conhecido por promover jovens artistas (sobretudo pintores e escritores renovadores da arte de seu tempo), ajudando-os a levar a público suas obras. Assumindo uma posição discreta como intelectual, escreveu pouco e chegou a eliminar o pronome "eu" daquilo que publicava, assinando seus textos ora com pseudônimo, ora simplesmente com as iniciais "F.F.". Não é por acaso que, inventando um verbo com "silêncio" ("silence"), Alfred Jarry o nomeava "celui qui silence" (aquele que silencia). Com exceção, aliás, de uma pequena publicação, *Les impressionistes en 1886* [*Os impressionistas em 1886*], que deu nome de batismo ao neoimpressionismo, Fénéon sempre resistiu a publicar seus escritos na forma de livro.

Tal reserva em relação ao personalismo certamente tem origem na prioridade que entendia dar ao artista, em detrimento do crítico. Sugere, também, o orgulho de um esteta, cuja máxima elegância consistiria em passar despercebido. Mas a atitude não deixa de remeter à sua conhecida militância política, anarquista e antiburguesa, desconfiada do individualismo e do patrimônio do nome. Acusado de cumplicidade em atentado a bomba diante de um hotel, Fénéon tornou-se réu no histórico "Processo dos Trinta", em 1894. Naquele momento, a fim de combater as atividades anarquistas, abriu-se na França um processo contra 30 supostos participantes do movimento, entre intelectuais e criminosos comuns, reunidos sob a alegação de formação de quadrilha. Ao final das investigações, a quase totalidade dos implicados foi inocentada, incluindo Fénéon. O depoimento deste último é citado com frequência, ainda hoje, pela frieza e pela verve irônica que teriam contado a seu favor diante de um júri dividido. De fato, sua habilidade em produzir humor a partir do vazio das denúncias não estava muito distante do procedimento usado para descrever o absurdo dos acontecimentos. Não custa lembrar que uma de suas testemunhas de defesa foi Stéphane Mallarmé. Logo após a prisão do amigo, o poeta declarou a um jornalista: "Fala-se, segundo você, de detonadores. Certamente não havia, para Fénéon, melhores detonadores que seus artigos. E não creio que disponhamos de arma mais eficiente que a literatura."

O episódio anarquista, que culminou com o Processo dos Trinta, marcou profundamente a sociedade francesa no final do século XIX, com seus atentados a bomba e o assassinato do Presidente Sadi Carnot, em 1894, por um militante italiano. A longa história de medo deixada pelo movimento seria ironizada pelo próprio Fénéon, mais de 10 anos depois, ao comentar suspeitas de bombas (objetos quaisquer confundidos com artefatos criminosos) e a disseminação de falsos explosivos.

Embora publicasse em revistas anarquistas, a participação de Fénéon nesses episódios nunca foi comprovada, tampouco admitida. O mais importante, no caso, é notar que, apesar de funcionário público exemplar do Ministério da Guerra (ao qual portanto convinha a prudência), Fénéon foi decididamente um antimilitarista, um intelectual com convicções libertárias empenhado em denunciar e combater valores que colocavam o humano em segundo plano, em benefício de abstrações como o Estado, a Justiça, o Exército, a Igreja. Em artigo de 1884, que publicou na *Revue Indépendante*, assinando como "Hombre", o jovem Fénéon já apontava para o equívoco patriótico: "Pois 'a Pátria' é ainda uma identidade, uma entidade vazia e oca, como Deus, como a Sociedade, como o Estado, como a Natureza, como a Virtude, a Moral etc." Apesar de ter dado ânimo ao heroísmo, a palavra Pátria "fez derramar tanto sangue e lágrimas, acumulou tantas ruínas, legitimou tantas atrocidades, tantas torpezas, horrores e infâmias". O destaque dado por Fénéon, posteriormente, às notícias de testes de armamentos e de embarcações militares só não é mais significativo a esse propósito por terem sido escritas antes da Primeira Guerra Mundial – o que, por outro lado, dá a elas uma importância inquestionável como percepção dos riscos a que a França e a Europa se expunham diante do discurso nacionalista e militarista.

Em seus escritos, e em particular nessas *Notícias em três linhas*, que aqui apresentamos ao leitor, Fénéon acusará a contradição entre as abstrações do discurso e a prática das instituições. Mostrará que o patriotismo militar se liga com muita frequência à devassidão, ao crime, ao desprezo pela inteligência e pela dignidade pessoais; que o poder armado (exército ou polícia) reprime manifestações legítimas dos trabalhadores e da população; e que o colonialismo (em situações envolvendo árabes) ou a segregação étnica (como no caso dos ciganos e dos "espanhóis") são cenário constante de contrastes e violências sustentadas pelo discurso da ordem e da civilização. A separação entre Estado e Igreja é também presença constante nas notícias. A disputa entre autoridades locais e regionais pela aplicação, ou não, da lei (por exemplo, daquela que exclui a exposição de crucifixos nas salas de aula) é carregada de todo o ridículo que resulta do embate por posições opostas baseadas em critérios semelhantes: assim como o esquema sacrificial do religioso se desdobra na política, a política se investe dos signos da fé para fazer valer suas hierarquias na prática cotidiana. A estupidez popular causada pela histeria da fé é destacada em vários momentos. Mas nem por isso os responsáveis pela igreja (padres, bispos, arcebispos) são poupados, aparecendo frequentemente em situações de ganância, luxúria, ócio, ostentação, semelhantes àquelas que a moral religiosa procura estigmatizar.

A ênfase nos conflitos do trabalho é especialmente perceptível. Inúmeras passagens abordam situações envolvendo grevistas, desordens geradas pelo direito de greve e pela própria existência do sindicalismo, tensões entre patrões e trabalhadores, entre a população e o poder político-financeiro. A miséria e a tragédia andam de mãos dadas num ambiente em que as condições precárias de vida contrastam, aqui e ali, com a ostentação bem medida das personalidades políticas e econômicas, dos falsos nobres, dos aristocratas incógnitos, dos aparatos religiosos, dos banquetes de sociedade.

Um retrato cáustico da *Belle Époque*

As convicções intelectuais e as vinculações políticas de Fénéon não são assunto imediato das *Notícias em três linhas*, basicamente descritivas. Elas manifestam-se, de modo indireto, em suas opções de escrita. Mas antes de apresentar esse dispositivo crítico e criativo, valeria a pena retomar a imagem pública do autor.

Fénéon não se notabilizou especificamente como escritor e tampouco como ativista político. Eminência parda na Paris da virada do século XIX para o XX, personagem estranho e algo enigmático, aparentava um dândi baudelairiano com aspecto Yankee, o rosto bem escanhoado à exceção de uma barbicha. Fénéon foi um homem de muitas ocupações: funcionário público, editor, crítico de arte, jornalista, agente de artistas e *marchant* de quadros, grande incentivador dos "modernos" (ou seja, do simbolismo e do impressionismo), mas também das vanguardas do início do século passado. Jean Paulhan, que o considerava o grande crítico francês de sua época, deu-lhe algum renome póstumo com a publicação, em 1945, do livro *F.F. ou le critique* [*F.F. ou o crítico*]. Félix Fénéon, entretanto, sempre preferiu a ação indireta, empenhando-se em divulgar as obras artísticas e em colocar em contato escritores e pintores. Salta aos olhos a relevância histórica de sua atuação como responsável por revistas influentes do final do século XIX e começo do XX (entre as quais a *Revue Indépendante* e a *Revue Blanche*) ou como primeiro editor de *Les Illuminations*, de Arthur Rimbaud (para citar apenas um exemplo).

Em *F.F. ou le critique* Paulhan ilustra dessa maneira a "glória misteriosa" de Fénéon:

Mas ele é um homem que prefere, em 1883, Rimbaud a todos os outros poetas de seu tempo; desde 1884, defende Verlaine e Huysmans, Charles Cros e Moréas, Marcel Schwob e Jarry, Laforgue e, acima de todos, Mallarmé. Descobre um pouco mais tarde Seurat, Gauguin, Cézanne e Van Gogh. Chama para *La Revue blanche*, que ele edita de 1895 a 1903 – sim, de 1895 a 1903 – André Gide e Marcel Proust, Apollinaire e Claudel, Jules Renard e Péguy, Bonnard, Vuillard, Debussy, Roussel, Matisse; e para as Éditions de la Sirène, em 1919, Crommelynck, Joyce, Synge e Max Jacob. Homem feliz! Ele está no momento de encontro de dois séculos. Sabe manter, do antigo, Nerval e Lautréamont, Charles Cros e Rimbaud; apresenta, ao novo, Gide, Proust, Claudel, Valéry, que aparecem. Como se, em cem anos, tivéssemos tido apenas um crítico, Félix Fénéon.

Isso lhe dá uma estranha glória, fora das investigações e das antologias, fora das academias e dos jornais, fora da vida, como se diz, literária. Isso lhe dá uma glória misteriosa que seria preciso estreitar de modo mais próximo, que seria preciso compreender.

Sua atividade como jornalista foi curta, mas fecunda. A partir de 1905, o jornal parisiense *Le Matin* manteve a rubrica chamada *Nouvelles en trois lignes* [Notícias em três linhas] destinada a publicar *breves*, isto é, notícias sem assinatura que não ultrapassavam 135 caracteres, num estilo quase telegráfico. Essas notas remetiam sobretudo a *faits divers* oriundos de fontes locais e de despachos recebidos das agências de notícia, que passavam a alimentar-se da própria brevidade dos telegramas. Escritas por vários jornalistas, visavam sintetizar com rapidez e neutralidade acontecimentos de última hora. Fénéon colaborou na seção de maio a novembro de 1906, imprimindo um tom bastante peculiar aos fragmentos de sua autoria.

Mantidos em um caderno pelo autor, que não quis publicá-los enquanto viveu, esses textos só seriam transformados em livro em 1948, após sua morte, por iniciativa de Jean Paulhan. Dos acontecimentos políticos às movimentações do sindicalismo, dos crimes passionais aos acidentes diários, dos pequenos conflitos de sociedade a cenas curiosas da vida privada, as *Notícias* se apresentam como rápidas formulações descritivas. Porém, a escolha vocabular e a organização peculiar das frases acabam evidenciando o ponto de vista contido na construção das pequenas narrativas. Uma astuciosa ironia vai assumindo o primeiro plano, à medida que as posições do autor vão se tornando mais palpáveis: o antimilitarismo; a simpatia pelos movimentos sindicais e coletivos, de modo geral, ou pela ficção dos atentados; a caricatura dos valores burgueses, postos à prova de suas contradições as mais flagrantes (a doçura do amor que acaba em crime, princípios abstratos ou edificantes em situações de violência, a enorme vaga de suicídios por razões mesquinhas); a estranheza diante do absurdo da morte violenta, intencional ou acidental. Assim como valorizar um artista renovador pode ser entendido como um ato crítico subversivo, do ponto de vista da vida literária ou artística estabelecida, é bem provável que cada um desses fragmentos soasse, no contexto em que foram publicados, como uma discreta "bomba" contra a "universal reportagem" (na expressão de Mallarmé), intervindo de forma criativa e anônima (ou "despersonalizada") no maquinismo da notícia.

Naturalmente, poderíamos considerar o conjunto das *Notícias* como uma rica aula de história sobre a atualidade da *Belle Époque*, com seus atores, suas disputas, seu cotidiano, suas novas tecnologias, seus excluídos. Mais de cem anos depois, a leitura funciona como uma espécie de viagem no tempo. Entretanto, essa viagem carrega consigo uma perspectiva crítica. Um muito estudado eufemismo (ao tratar de situações trágicas e extremas) ou a afetação de sentimentos nobres (no caso de situações muito mundanas) fazem parte de sua força cáustica. Dentro de uma atmosfera de extrema violência social, a própria escolha dos traços mínimos do acontecimento já exprime uma dimensão crítica ou subversiva. Via de regra, os detalhes soam cruéis, já que a solenidade da fala, a aparente dignidade conferida aos envolvidos no noticiário (pelo tratamento formal: "o Sr.", "a Sra."; ou pela explicitação do cargo ou da profissão de cada um) destoa completamente da situação brutal e desumanizada que os transforma em matéria noticiosa. A ilusão da fé e a convicção pessoal confrontadas à inflexibilidade do real; a impostação social colocada à prova da "miséria" e do acaso; a sedução do progresso técnico (bicicletas, carros, navios aparecem em abundância) desmascarada face a seus inúmeros inconvenientes e acidentes mortais – são formas pelas quais a ironia cortante da escrita acaba denunciando os eufemismos sociais, indícios inequívocos de uma vida baseada no apagamento dos contrassensos que a sustentam.

O contemporâneo, entre o cômico e trágico

Transfigurado pela escrita de Fénéon, o dispositivo de síntese dessas notícias já foi descrito como "romance elíptico", "micronarrativa", "poesia em três linhas", "haikai jornalístico", fragmentos de "humor negro", precursor do Twitter. Pensados para ocupar três linhas no jornal, de entremeio aos demais noticiários, cada fragmento supunha um número limitado de caracteres e a capacidade de narrar um fato em sua totalidade. Se a brevidade e a fragmentação são imperativos habituais da escrita literária do século XX e XXI, as notícias de Fénéon, extremamente precisas na formulação, não se notabilizam exatamente pela experimentação verbal. Embora considerada por Apollinaire antecessora das "palavras em liberdade", antes do futurismo, a escrita de Fénéon busca menos *liberar* as palavras do que acentuar a tensão que elas estabelecem com determinados discursos, ao lhes dar um novo tom e uma nova sintaxe. Até pela banalidade trágica das situações descritas, o emprego de palavras rebuscadas (de uso literário, ou muito formais) resulta em contrastes que divertem e denunciam, perturbando a superfície de aparente coerência e seriedade que parecem requisitar. Embora o dispositivo seja distinto, o famoso *Dictionnaire des idées reçues* [*Dicionário de ideias feitas*] de Flaubert, poderia ser aproximado das *Notícias*, tanto pela formulação concisa quanto pelo mimetismo paródico do discurso burguês.

Se, de modo geral, o trabalho criativo realizado sobre o discurso jornalístico é tão observado é porque as notícias, evidentemente, não se esgotam na sua referência factual: elas dão destaque a uma visão política e quase trágica da existência. Ao percorrê-las, o leitor oscila entre o riso e o horror, entre a leveza da observação do ridículo alheio e a aversão criada pela violência. A violência é mostrada tão cruamente que chega a parecer obscena, algo mórbida.

Seria cômico, se não fosse trágico? Ou o inverso? No fundo, não há incompatibilidade entre o cômico e o trágico nessas *Notícias*. Por essa razão, a leitura precisa lhes dar o benefício da ambivalência. Não se trata simplesmente de rir, como não se trata meramente de julgar. Parece sempre haver algo mais, um outro lado, alguma outra coisa colocada em jogo. O acontecimento atroz parece risível graças à banalidade explícita e sintética, mas o seu acúmulo deixa um gosto amargo; do mesmo modo, não há constatação da tragédia ou da miséria cotidiana que seja piedosa ou edificante. As razões dos acidentes e suicídios que desfilam nos fragmentos não são qualitativamente mais (ou menos) elevadas que a caricatura das manobras políticas e econômicas.

O que talvez a inscrição desses fragmentos no contexto jornalístico ajudasse a perceber (com a sua, por vezes, tênue distância com relação às notícias "sérias") é a própria dinâmica do jornalismo: sua capacidade de transformar a tragédia em entretenimento e a diversão em notícia, invertendo e reierarquizando continuamente a matéria de acordo com seus interesses. Podemos flagrar aí a natureza performativa (e não apenas descritiva) do jornalismo, que transforma a *perspectiva* diante do fato em verdade factual de pleno direito.

A alguns leitores, essas *Notícias* poderiam lembrar *sketches* tragicômicos de filme mudo, em preto e branco, do início do século XX; a outros, uma literatura *noir* concisa e lapidar, transitando do submundo das ruelas escuras às altas esferas da Política e da Justiça (ainda que muito vagamente detetivesca tendo em vista a contundência dos crimes e o litígio das penas). Por outro lado, apesar do caráter muito datado das referências e dos modos de vida, apesar do contexto social e institucional quase exclusivamente francês, apesar do trânsito pela gíria e por sugestões anagramáticas específicas da língua francesa, essas *Notícias* podem ser lidas também na sua dramática exemplaridade. Explorando voluntariamente um viés que soa antiquado ou inadequado às situações, baseando-se numa contenção máxima que flagra a continuidade superficial entre acidentes distintos, tratando a tragédia individual com a fleuma da enumeração, as *Notícias* de Fénéon ajudam a evidenciar que, a despeito das enormes mudanças técnicas e sociais, a natureza de nossa relação com a violência dos fatos não se transformou tanto assim. Até por isso, a necessidade de rir ou de julgar moralmente essas notícias pode parecer irresistível para o leitor atual (francês ou brasileiro). São modos de reagir ao contemporâneo, ou seja, à evidência de uma modernidade sempre (e por definição) inacabada.

Destituídas, pela relativa distância temporal, dos apegos e das convenções com que filtramos ou justificamos nossa relação com os fatos do presente, as *Notícias em três linhas* transformam aquilo que parecia apenas uma diversidade informe (*faits divers*) em um momento de contato direto e perigoso com a matéria bruta dos acontecimentos.

– Marcos Siscar
Campinas, junho de 2015.

Os tradutores procuraram manter a mesma economia de meios e as elipses características da escrita de Fénéon. Quando pertinente, acrescentaram, dentro do próprio texto, alguns complementos para nomes próprios (por exemplo: *"rio* Saône", *"hospital* Trousseau", *"prisão* de Bouguen", *"senador* Trystram"), possivelmente desconhecidos para um leitor brasileiro. Apenas episodicamente, em notícias nas quais a compreensão dependia diretamente do contexto histórico, foram incluídas notas de rodapé explicativas. As ambiguidades linguísticas criadas pelo uso de nomes, apelidos e profissões, além de palavras com duplo sentido, também são frequentes no texto. Os tradutores se limitaram a indicar, em nota, alguns casos mais evidentes em que nomes próprios remetem a nomes comuns, dispositivo destacado pelo próprio Fénéon ("Ratos roíam as partes salientes do trapeiro Mauser (em francês Ratier)", ou seja, "Rateiro").

NOTÍCIAS EM TRÊS LINHAS
Félix Fénéon

Às Delegações, o Sr. Jonnart[1] negou que o projeto
de novos impostos seja um artifício
para fechar o orçamento.
Havas

Criminosa megera, a Srta. Tulle recebeu,
do tribunal de Rouen, dez anos de trabalhos
forçados; seu amante, cinco.
Desp. part.

Por causa de cartaz contra os sindicalistas
amarelos[2], os externos do colégio de Brest vaiaram
seu professor, o Sr. Litalien, assessor do prefeito.
Desp. part.

A enfermeira Élise Bachmann, que estava
de folga ontem, manifestou-se
louca em via pública.

---

[1] As Delegações Financeiras eram encarregadas de votar o orçamento da Argélia, então colônia francesa. Charles Célestin Auguste Jonnart é um político francês que atuava nas questões coloniais, especialmente nesse país.

[2] O "sindicalismo amarelo" é um movimento que se opõe aos sindicatos e ao sindicalismo "vermelho", ou seja, socialista ou comunista. Por recusar a greve e o confronto com o patronato, a designação passou a significar "traidores".

Prestou queixa o médico persa Djaï Khan contra um seu compatriota que teria lhe subtraído uma tiara.

Por disseminarem a história de um quimérico atentado anarquista contra a igreja da Madeleine, aproximadamente dez camelôs foram presos.

Presa em via pública, certa louca apresentava-se abusivamente como a enfermeira Élise Bachmann. Esta última está em perfeita saúde.

Na praça do Panteão, eleitores inflamados tentaram assar um manequim caracterizando o Sr. Auffray, candidato derrotado. O grupo foi dispersado.

Preso em Saint-Germain por sair sem pagar, Joël Guilbert bebeu um sublimado. Foi desintoxicado; mas ontem morreu de *delirium tremens*.

10
O fotógrafo Joachim Berthoud não conseguia se consolar com a morte da mulher. Matou-se em Fontenay-sous-Bois.

O abade Andrieux, de Roannes, junto a Aurillac, que um marido impiedoso perfurara na quarta-feira com dois tiros de espingarda, morreu ontem à noite.
Havas

Por desavença política, os Srs. Bégouen, publicista,
e Bepmale, deputado, trataram-se de "ladrão"
e de "covarde". Reconciliados.
Desp. part.

Em um café da rua Fontaine, Vautour,
Lenoir e Atanis, a propósito de suas mulheres,
ausentes, trocaram tiros.

Membros da família Yodtz, de Bezons, ficaram
com algumas queimaduras num incêndio, do qual
escaparam graças a dois couraceiros.

Dez anos de trabalhos forçados (tribunal de Nancy)
em Tournour. Um adolescente matou o viajante
para quem fazia serviço de guia.
Desp. part.

Cachimbos feitos de urzes estão em falta.
Os operários de Saint-Claude cruzaram os braços
à espera de que sejam mais bem pagos.
Havas

"Se meu candidato perder, eu me mato", havia
declarado o Sr. Bellavoine, de Fresquienne
(Seine-Inférieure). Matou-se.
Desp. part.

Uma tempestade, em Orléans, interrompeu
as festas que celebravam Joana D'Arc e
o 477º aniversário da liberação da cidade.
Desp. part.

No calor de uma discussão política,
em Propriano (Córsega), dois homens
foram mortos e dois feridos.

Havas

Foram restabelecidas, em Bône, as comunicações
do Ministério Público e dos Magistrados com
a prisão, que agora está livre do tifo.

Desp. part.

Colisão na rua entre a municipalidade de
Vendres (Hérault) e o partido de oposição.
Dois guardas campestres saíram feridos.

Havas

Desesperado com a falência de um de seus devedores,
o Sr. Arturo Ferretti, negociante em Bizerte,
matou-se com um fuzil de caça.

Havas

Trovejando pela República, uma colubrina
de aproximadamente 300 anos de idade explodiu
em Chatou, mas sem deixar feridos.

O caso dos desvios na direção da artilharia
de Toulon não apresentaria nenhuma evidência,
segundo o inquérito do diretor.

Desp. part.

O Sr. Scheid, de Dunquerque, alvejou três vezes
a mulher. Como errasse todos os tiros, disparou
contra a sogra: acertou em cheio.
Havas

A Sra. Vivant, de Argenteuil, não contava com o zelo
do proprietário da lavanderia Meheu. Foi ele que
retirou do Sena a lavadeira desesperada.

Ao encontrar enforcado seu filho Hyacinthe,
de 69 anos, a Sra. Ranvier, de Bussy-Saint-Georges,
ficou tão abatida que não conseguiu cortar a corda.

A Doença do Suor que castiga Rouillac (Charente)
agrava-se e tende a propagar-se. Medidas
profiláticas têm sido tomadas.
Desp. part.

No 2º distrito de Paris foram emitidas, em três dias,
27 multas aos cocheiros-condutores que exigiam,
antecipadamente, excessivas gorjetas.

30
Automóveis mataram, ontem, nas ruas de Paris,
a Sra. Resche e o Sr. P. Chaverrais, tendo ferido
gravemente a jovem Fernande Tissèdre.

Em Toulouse, chegou ao fim o congresso dos oficiais
de justiça em atividade, segundo um orador,
"delicada, perigosa e mal remunerada".
Desp. part.

Pela exaltação demonstrada em inventários
e nas eleições, alguns devotos e um eleitor
foram condenados em Cholet e em Saint-Girons.
Havas e Desp. part.

A festa do 1º de maio foi agitada em Lorient,
mas nenhum gesto de violência veio dar
pretexto à repressão.
Desp. part.

Por ocasião de uma contenda, em Grenoble, três
manifestantes foram detidos pela tropa que,
diga-se de passagem, foi vaiada.
Desp. part.

Tendo encontrado à sua porta um artefato
suspeito, o impressor Friquet, de Aubusson,
prestou queixa contra desconhecido.
Desp. part.

De areia, e nada mais, estavam carregados dois
artefatos que, ontem de manhã, semearam o terror
em Saint-Germain-en-Laye.

O prefeito exonerado de Montigny, sua esposa
e um vereador foram condenados à prisão
por motivo de greve.
Desp. part.

D..., do 8º Regimento colonial (Toulon), que incitou
os detentos a tumultuarem os espaços disciplinares,
foi punido com 60 dias de prisão.
Desp. part.

Em Versalhes, um acendedor de lampiões e,
em La Garenne-Colombes, um sacristão encontraram
artefatos, com pavios apagados.

40
De bruços sobre a portinhola, um viajante
relativamente pesado fez tombar o fiacre,
em Ménilmontant, e teve a cabeça esmagada.

Furioso por lhe terem privado de sua pesca,
Sr. Lepieux[3], pescador de Vieux-Port (Eure),
quase matou o amador de peixe.
Havas

Quatro cavalos, sem os respectivos dragões
militares, dispararam pelo cais de Javel.
Derrubaram um fiacre e seu cocheiro Fouché.

Ardendo de paixão eleitoral, alguns daqueles
que ouviam o Sr. Lafferre, em Agde, puseram-se a
lutar. Vários foram feridos, um gravemente.
Havas

A câmara de vereadores de Toulon queria dar
à polícia jornada de oito horas. Sua deliberação
foi anulada pelo prefeito.
Desp. part.

O ministro das Finanças instruiu os cobradores
de impostos de Toulon a serem indulgentes com os
contribuintes lesados pelas greves.
Desp. part.

---

[3] Como nome comum, "o piedoso".

Apesar de condenado (à revelia) a 20 anos de prisão, o Sr. Miot, arquiteto em Bordeaux, vivia tranquilo em Toulon. E ali foi preso.
Desp. part.

Ferido na cabeça, sem gravidade, segundo acreditava, Kremer, de Pont-à-Mousson, ainda trabalhou algumas horas, depois caiu morto.
Desp. part.

Na rua Geoffroy-Marie, uma jovem, Charlotte, foi morta ontem à noite por outra mulher, esta ainda desconhecida.

Pobre demais para criá-lo, afirma, Triquet, de Théligny (Sarthe), sufocou seu próprio filho, de um mês de idade.
Desp. part.

50
Fortes sopapos foram compartilhados, em Hennebout, entre vermelhos e amarelos, partidários da greve e operários mais dóceis.
Havas

Congresso de estudantes em Bordeaux, em 1º de maio de 1907. Será discutida a questão internacional da equivalência de diplomas.
Desp. part.

O galante Léon Courtescu, de Angers, foi atirado no rio Maine, onde se afogou, por um marido, Sr. Brouard.
Havas

"Nosso patriotismo não separa de modo algum
o país do governo que este escolheu",
disse ao 9º corpo o general Blancq.
Desp. part.

De uma briga em rua quente de Tours, os soldados
Machet, Braquier e Brému e o marceneiro Jablot
saíram feridos.
Desp. part.

No Brabant (Vosges), o Sr. Amet-Chevrier, 42 anos,
e sua mulher, 39 anos, a partir de agora
têm dezenove filhos.
Desp. part.

Sr. Bozzoli, de Constantine, altercava com sua mãe.
Esta caiu morta (ruptura de aneurisma). Desesperado,
aquele arrebentou a própria cabeça.
Desp. part.

Uma espécie de marabuto que era hospedado
por um Árabe nos arredores de Constantine
roubou-lhe o cofre e a filha.
Desp. part.

Dois ciganos brigavam pela jovem Colomba,
perto de Belfort. Incidentemente, a moça recebeu de
um deles, Sloga, uma bala mortal.
Desp. part.

Como o caso do Círculo do comércio dava sono
aos juízes marselheses, seu Presidente e a Srta.
Aubin trocaram acres exclamações.
Desp. part.

A Sra. Montet, de Bost (Loire), foi assaltada, acredita-se, pelos parentes de seu marido, sabidamente parricida.
Desp. part.

Na chegada em Marselha do expresso de Paris, foi preso o condutor, homem nefasto para as encomendas postais.
Desp. part.

Os grevistas de Ronchamp (Haute-Saône) jogaram na água um operário que teimava em trabalhar.
Havas

O médico encarregado da autópsia da jovem Cuzin, de Marselha, morta misteriosamente, concluiu: suicídio por estrangulamento.
Desp. part.

O serralheiro Bonnaut, de Montreuil, conversava diante de seu estabelecimento quando o malfeitor "Cara de Mal" o atingiu com duas facadas.

Em eufórica incursão por um bairro de má fama, em Toulon, o brigadeiro Hory, do 3º Regimento colonial, foi morto a facadas.
Desp. part..

Em Saint-Mihiel, A. Caillet, ordenança do tenente Morin, atirou-se pela janela sem explicar por quê. Ferimentos graves.
Desp. part.

O canhoneiro Ruffet fugiu da prisão
de Brest junto com a sentinela.
Foi o único a ser recapturado.
Desp. part.

Como sua embarcação soçobrara, Guittard e Sabaté,
de Marmande, afogaram-se. Ao receber a notícia,
o Sr. Guittard, pai, caiu morto.
Desp. part.

Graças a sua imperícia de fogueteiro amador,
o soldado Hébré matou-se, em Saint-Priest-la-Feuille
(Creuse), além de ferir seu irmão.
Desp. part.

70
Incendiou-se, ontem à noite, um bonde
Bastille-Montparnasse que rapidamente despejou seus
passageiros, antes de ser inundado pelos bombeiros.

Sr. Cocusse, sexagenário, foi atropelado perto
de Arnay-le-Duc (Côte-d'Or) por um automóvel que,
desde então, não foi mais visto.
Desp. part.

Em Saint-Amé (Vosges), foram ao chão o ciclista
e a passante contra a qual se chocou: ela, V. Tallias,
expirou ali mesmo; Lacroix mal se feriu.
Desp. part.

Maus jogadores, F. e M. Altebo, em Llagonne
(Pyrénées-Orientales), mataram (matraca e canivete)
o Sr. Fillian, presumido trapaceiro.
Desp. part.

NOTÍCIAS EM TRÊS LINHAS | 27

Antes de entrarem na Bolsa do Trabalho,
os socialistas de Brest protestam: "Está infectada
por dois metros de presença militar."
Desp. part.

Graças à magnanimidade do colecionador E. Ricard,
o museu de Longchamp (Marselha) sai enriquecido
por várias obras de Puget.
Desp. part.

Acidente de veículos em Lizy-sur-Ourcq. A família
Combes sofreu alguns arranhões, mas os ferimentos
dos policiais Collian e Fagot são graves.
Desp. part.

Apagado o incêndio na padaria Deschamps,
em Limoges, constatou-se que a respectiva padeira
havia sido queimada viva.
Desp. part.

Carregados com bronzes, louças, roupas
e tapeçarias, dois ladrões foram detidos
à noite em Bry-sur-Marne.

O Sr. Abel Bonnard, de Villeneuve-Saint-Georges,
que jogava bilhar, teve vazado o olho esquerdo
ao cair sobre o próprio taco.

80
Impedida a cada vez que tentava se enforcar nas
cremonas das janelas, a Sra. Couderc, de Saint-Ouen,
exasperada, fugiu e desapareceu na paisagem.

Perto de Auxerre, o cavalo do capitão Morin,
ao cair, quase esmagou dois recrutas sentados,
e feriu seu cavaleiro.

Havas

Como as usava para dedilhar o piano, a polícia de
Brest julgou não eleitorais as sessões do Bardo
Artigues, candidato. Infração. Multa.

Desp. part.

Guarnecido de um rabo de rato e ilusoriamente
carregado de fino grés, um cilindro de flandre
foi encontrado na rua de l'Ouest.

Coçando-se com um revólver de gatilho demasiado
sensível, o Sr. Ed. B... arrancou a ponta
de seu nariz na delegacia Vivienne.

Por insensatez, o Sr. Vossel, empregado da
subprefeitura de Wassy, matou com um tiro
de espingarda o Sr. Champenois, agricultor.

Havas

Foram necessárias duas horas para reanimar
Clouzard, de Sens, que entrou em uma cuba a gás para
acudir Bouy; este morreu asfixiado.

Desp. part.

Cavadores franceses de Florac protestam, até mesmo
com facadas, contra a abundância de Espanhóis
nos canteiros de obras.

Havas

Prevaricador, o agente administrativo
Vasseur, de Boulogne, foi condenado
a seis meses de prisão.
Desp. part.

Um enforcado, isso há dois meses já,
foi encontrado no Estérel. Ferozes pássaros
o haviam, com bicadas, absolutamente desfigurado.
Havas

90

Com a igreja de Miélin (Haute-Saône) cercada
de barricadas, os fiéis escalam as janelas
para ir à missa.
Havas

Embora nomeado em Agen sob regime de separação,
Mons. du Vauroux quer administrar a côngrua.
Ele faz apelo ao tribunal.
Desp. part.

Em discussão pós-eleitoral, em Loos (Nord),
várias pessoas, em particular o Sr. Contemans,
sofreram ferimentos.
Havas

Fr. Martinet tentara causar a morte de sua esposa.
Acaba de ser condenado pelo tribunal de Bordeaux
a cinco anos de reclusão.
Desp. part.

O empregado Launois, por descuido, matou seu
patrão, Sr. Paul Lebrun, de Grauves (Marne),
de cuja espingarda fazia a limpeza.
Havas

Um passo em falso e, despencando de rocha
em rocha, o pedreiro Rouge, de Serrières (Saboia),
que colhia ervas, teve a cabeça rachada.
Havas

Sueur, fundidor em Escarbotin (Somme), cumprirá
seis meses de pena: no 1º de maio, ele hostilizava
um suboficial dos hussardos.
Desp. part.

Por terem ligeiramente apedrejado policiais, três
piedosas damas de Hérissart terão que pagar multa
por decisão dos juízes de Doullens.
Desp. part.

O Sr. Poulbot, professor primário em Île-Saint-Denis,
batia o sinal para a entrada dos alunos quando o
sino veio abaixo, chegando quase a escalpá-lo.

Em Clichy, um jovem elegante jogou-se sob as rodas
emborrachadas de um fiacre e, depois, indene,
sob um caminhão, que o esmagou.

100
Seis dias de prisão em regime aberto para J.C. Leloup,
secretário da Bolsa do Trabalho de Dijon,
por ter chamado policiais de ulanos.
Por telefone

Valendo-se da sombra, já que tinham apagado os lampiões a gás das redondezas, alguns pilharam um entreposto, em Villefranche (Rhône).
Desp. part.

Uma jovem estava sentada no chão, em Choisy-le-Roi. A única palavra de identidade que sua amnésia lhe permitiu articular: "Modelo."

O cadáver do sexagenário Dorlay oscilava pendurado em uma árvore de Arcueil, com estes dizeres: "Velho demais para trabalhar."

A respeito do mistério de Luzarches, Dupuy, juiz de instrução, interrogou a prisioneira Averlant; mas era louca.

Turki, proprietário em Khenchela (Constantine), acabara de matar um amigo de sua mulher. Ela tentava fugir quando ele a alcançou e tirou-lhe a vida.
Desp. part.

Caindo do andaime em companhia do pedreiro Dury, de Marselha, uma pedra arrebentou-lhe o crânio.
Desp. part.

Tomado pela neblina diante de Cherburgo, o *K.-Wilhelm-II* revelou sua presença por meio do novo sistema do sino submarino.
Desp. part.

Por ocasião de um breve incêndio em Cambronne (próximo ao metrô), um bombeiro feriu-se com estilhaços de vidro e o chefe de estação teve queimaduras no olho.

Na rua des Rondeaux[4], Blanche Salmon foi atingida duas vezes no flanco pela navalha de Louis Lestelin, seu amante.

110 Napoléon Gallieni, joalheiro, quebrou o pescoço nas escadarias de seu domicílio. Queda talvez provocada. Em seguida, foi levado ao Necrotério.

Em razão do saque à loja de Nancy, 7800 francos estão sendo cobrados à cidade. Esta recusa-se: naquele dia, a polícia acompanhava o governador.

Sr. Colombe, de Rouen, suicidou-se ontem com um tiro. Sua mulher havia lhe dado três, no mês de março, e o divórcio estava próximo.
Por telefone

Como havia 20000 francos a menos em seu caixa, o Sr. Th... fugiu de Louviers, onde era gerente da sucursal de uma grande loja.
Por telefone

A despeito do policiamento, trezentos resineiros das Landes, em greve, ainda cercam a casa do prefeito de Mimizan.
Havas

---

[4] Como nome comum, *rondeaux* são rondós, forma poética e musical baseada na repetição de rimas ou refrões.

Apostara que beberia em sequência 15 absintos, comendo um quilo de carne de vaca. Na nona dose, Théophile Papin, de Ivry, desabou.

Louis Lamarre não tinha trabalho nem moradia, mas alguns vinténs. Em um merceeiro de Saint-Denis, comprou um litro de petróleo e o bebeu.

Para pesquisas sobre sardinhas e as correntes, uma missão oceanográfica embarcou no *Andrée*, em Bordeaux.
Desp. part.

O pároco de Compôte (Saboia) passeava pelos montes, solitário. Após deitar-se, completamente nu, sob uma faia, morreu, de seu aneurisma.
Desp. part.

Por ocasião do censo, o prefeito de Montirat (Tarn) inflou os números. O afinco em governar um grande povo lhe vale a revogação.
Havas

120
Duelo. O peito de um presidente de medalhados do exército, Sr. Armineux, foi perfurado por três balas do Sr. Pinguet, do jornal *Petit Fanal*, de Oran.
Havas

Estimando que Vasselin, de Dieppe, é inocente do naufrágio da *Georgette*, a junta de inquérito o mantém na capitania.
Havas

Em Belfort, os bombeiros do 1º Regimento, oriundos
de Versalhes, sobem de balão, telefotografam
e telegrafam sem fio.
Havas

As mulheres vermelhas de Hennebont saquearam
os mantimentos que levavam aos operários
em atividade nas forjas as mulheres amarelas.
Havas

Por furtos profissionais, sete operários
de um fabricante de bicicletas,
em Rueil, foram detidos.

O ex-negociante Fréd. Desechel (rua da Alésia, Paris)
suicidou-se no bosque de Clamart. Motivo:
estava com dor de estômago.

Fugindo de Poissy e de famílias severas com seu
amor, Maurice L... e Gabrielle R..., de 20 e 18 anos,
foram até Mers e ali se mataram.

No lugar dos 175000 francos dentro da caixa de
reserva em depósito na casa do cobrador
de impostos de Sousse, nada.
Havas

Saudoso, o belga Notermans, ajudante de fazenda,
enforcou-se nos estábulos de uma pousada
em Saint-Just, perto de Provins.

Doze anos de trabalhos forçados para Portebotte:
havia matado, no Havre, a festiva Nini la Chèvre,
sobre a qual pretendia ter direitos.
Por telefone

130
Sussin e Simon, de Saint-Maixent-de-Beugné
(Deux-Sèvres), ficaram asfixiados
em um poço que estavam cavando.
Havas

Com uma garrafada, um operário do arsenal de Toulon
quase abateu o desempregado que
lhe censurava o zelo.
Desp. part.

"Desconfiem do álcool e da volúpia", disse à 32ª
Divisão o general Privat na ordem do dia
de sua despedida.
Desp. part.

Três grevistas de Fressenneville foram condenados
à prisão: um, dois ou três meses, conforme
a aspereza de suas injúrias à tropa.
Desp. part.

Em Essoyes (Aubes), Bernard, de 25 anos, deixou
inconsciente o Sr. Dufert, de 89, e apunhalou sua
mulher. Estava com ciúmes.
Havas

Antes de lançar-se no rio Sena, onde morreu,
o Sr. Doucrain escrevera em seu caderno:
"Perdão, papai. Gosto muito de você."

O sexagenário Gallot, de Saint-Ouen, foi detido
quando se dedicava a transmitir a alguns
soldados seu antimilitarismo.

Em um combate, o mestre de armas Pictori
foi ferido, talvez mortalmente, por um amador,
o Sr. Breugnot.

Sem acertarem nenhuma, trocaram seis balas,
na montanha do Roule, o prefeito de Cherburgo
e um jornalista.
Desp. part.

O sombrio andarilho entrevisto pelo mecânico
Gicquel perto da estação de Herblay foi
identificado: Jules Ménard, catador de caracóis.

140
Os grevistas da fábrica Dion, em Puteaux,
a invadiram, interrompendo os trabalhadores.
"Só os covardes trabalham", diziam suas faixas.

Por mais rápida que tenha sido ao roubar as joias,
Marie de Badesco acabou detida em Versalhes.
Dois anos de prisão.

Para ganhar mais e ter seu sindicato reconhecido, os
asfaltadores de Lovagny (Haute-Savoir) cruzam os
braços; o juiz de paz parlamenta.
Havas

R. Pleynet, de Annonay, 14 anos, mordeu seu pai e um de seus camaradas. Há dois meses um cão raivoso havia lambido sua mão.

Havas

Era sobre espionagem que apetecia aos magistrados de Toulon interrogarem Jeanne Renée; agora é sobre o ópio.

Desp. part.

O aduaneiro Ackermann, de Fort-Philippe (Nord), viúvo, que deveria se casar hoje, se enforcou sobre o túmulo da mulher.

Havas

A instalação de uma placa dizendo que Ziem[5] ali nasceu (1821), em Beaune, motivou uma festa pouco veneziana, ainda que o pintor tenha estado lá.

Desp. part.

Na festa dos veteranos de Meurthe-et-Moselle, o cabo Thuana, um daqueles que cortaram a ponte de Fontenoy[6], recebeu a medalha de ouro.

Por telefone

Em Brest, por imprudência de um fumante, a jovem Ledru, toda vestida de musselina, teve as coxas e os seios queimados.

Desp. part.

---

[5] Félix-François-Georges Philibert Ziem foi um pintor francês, considerado precursor do impressionismo, que teve muito contato com a Itália, especialmente Veneza.

[6] Durante a guerra franco-prussiana de 1870, franceses explodiram uma parte da ponte de Fontenoy, importante para o transporte dos alemães, abrindo nela uma brecha.

Em vinte minutos, numa oficina da refinaria Say,
cinco lanças contiveram um incêndio que não
chegou a danificar mais do que duas peneiradoras.

150
Por volta de meia-noite, o Sr. Baillargeat, 19 anos,
filho de um açougueiro de Ternes, foi recolhido perto
da Porta Dauphine, ferido com um tiro.

Abandonada por Delorce, Cécile Ward recusou-se
a reatar a relação, salvo casamento. Ele a apunhalou,
tendo a cláusula lhe parecido escandalosa.

Alguns grevistas da fábrica de produtos químicos
de Cheide (Haute-Savoie) quebraram as vidraças de
dezessete casas de "entreguistas".
Havas

Dormir no trem foi mortal para o Sr. Émile Moutin,
de Marselha. Ele se apoiava sobre a porta;
ela se abriu, ele caiu.
Desp. part.

O adúltero Sr. Boinet, comandante de polícia
de Vierzon, pagará 1000 francos por ter difamado
o marido da mulher em questão.
Desp. part.

Uma vingança. Perto de Monistrol-d'Allier,
os Srs. Blanc e Boudoussier foram mortos
e desfigurados pelos Srs. Plet, Pascal e Gazanion.
Desp. part.

Explosão de gás na casa de Larrieu, de Bordeaux.
Ele ficou ferido. Os cabelos de sua sogra
incendiaram-se. O teto desmoronou.
Desp. part.

Remiremont estava em festa. A explosão de um
aparelho de iluminação afugentou os casais de
dançarinos. Alguns foram pisoteados nas saídas.
Desp. part.

Ao cair numa cratera, nas proximidades
de Longwy, o sargento Cornet, do 162º Regimento,
fraturou o crânio mortalmente.
Desp. part.

Mal havia aspirado seu rapé, A. Chevrel espirrou
e, caindo da carroça de feno que trazia
de Pervenchères (Orne), expirou.
Desp. part.

160

Tísico, Ch. Delièvre, fabricante de louças
em Choisy-le-Roi, acendeu dois fogareiros e morreu
entre as flores que havia espalhado sobre a cama.

Nos arredores de Noisy-sous-École,
o Sr. Louis Delillieau, 70 anos, caiu morto: insolação.
Rapidamente, seu cão Fiel comeu-lhe a cabeça.

Após subida até o sótão, perfuração do teto
e arrombamento, ladrões levaram 800 francos
do Sr. Gourdé, de Montainville.

500 havanas e 250 garrafas de vinho: eis
a coleta dos assaltantes que visitaram, em Vésinet,
a mansão da cantora Catherine Flachat.

Radiante: "Poderia ter sido mais!", exclamou
o assassino Lebret, condenado, em Rouen,
a trabalhos forçados para o resto da vida.
Desp. part.

Escolares de Vibraye (Sarthe) tentavam
circuncidar um menino. Este foi resgatado,
mas já com perigosa incisão.
Desp. part.

Havia 12000 francos no cofre-forte
do presbitério de Montmort (Marne).
Assaltantes os levaram.
Havas

Mal haviam se casado, os Boulch, de Lambézellec
(Finisterra), já estavam de tal forma embriagados
que foi preciso trancafiá-los no ato.
Desp. part.

O *Grondin*, que, com cinco outros submarinos,
perseguia alguns encouraçados nas águas
de Toulon, sofreu avarias ligeiras.
Desp. part.

A fim de opor obstáculo ao Ministério Público de
Saint-Étienne, Crozet, dito Aramis, suposto autor de
numerosos roubos, responde às questões com seu mutismo.
Desp. part.

170

Uma história de lampiões a gás, que o tribunal de Nancy levou a mal, custa um mês de prisão ao agitador Diller.
Desp. part.

A douradora Marie Boulanger está no hospital Cochin, ferida por uma facada de Juliette Duvaux. As jovens em questão sofriam de ciúmes.

Um cadáver descia com o curso d'água. Um marinheiro o recolheu em Bolonha. Sem documentos; paletó cinza-pérola; por volta de 65 anos.

Graças ao general barão Delétang, que, em 1866, se interessava pela virtude, a donzela[7] Hélène Duterre, de Meulan, recebeu 25 luíses.

Organizado pelo *Souvenir Français*, o translado de dez esquifes de hussardos deu azo, no cemitério de Niort, a discursos.
Havas

Desde a infância, a jovem Mélinette, 16 anos, colhia flores artificiais sobre as sepulturas de Saint-Denis. Não mais: foi recolhida ao centro de assistência.

---

[7] No original, "rosière": donzela a quem se conferia uma guirlanda de rosas e um prêmio pela sua virtude. Daqui para frente o termo será substituído por essa paráfrase.

Seis touros receberam estocadas, em Nîmes, dos
matadores madrilenhos Machaquito e Regasterin,
em benefício da imprensa local.
Desp. part.

Os grupos socialistas de Saint-Étienne marcam
posição contra a acumulação. É o suficiente para que
o Sr. Ledin, deputado, não continue prefeito.
Havas

O Sr. Litanien, Secretário na cidade de Brest, teria
saudado o Sr. Goude, mas como se tratava de um "ponche",
contrário ao álcool, restou-lhe desculpar-se.
Desp. part.

No baile de Saint-Symphorien (Isère), a Sra. Chausson,
seu amante, seus parentes e amigos mataram
a facadas o Sr. Chausson.
Havas

180
Louis Férouelle, de Louzes (Sarthe),
após ter atacado dois transeuntes a mão armada,
violou o domicílio de duas mulheres.
Desp. part.

Uma louca de Puéchabon, Hérault, a Sra. Bautiol
(Hérail, nome de solteira), acordou seus
sogros a golpes de porrete.
Por telefone

Nas latrinas de um café de Puteaux, um
desconhecido deixou uma caixa
com dois pavios cheia de pó branco.

O Sr. Mamette e sua jovem irmã remavam no rio Marne.
Na altura de Bibelots-du-Diable, a canoa virou.
Auxiliado pelo Sr. Pauliton, irmão salvou irmã.

O tabelião Limard matou-se sobre um pontão,
em Lagny. Para não ser carregado, em caso de cair na
água, amarrara-se com um fio.

Suicídio, acidente ou crime, o marceneiro Dalmasso,
de Nice, fraturou o crânio ao cair
de um terceiro andar.
Desp. part.

Após a exumação da esposa, que teria sido
envenenada por ele, o Sr. Pinguet, de Chemault
(Loiret), foi encarcerado.
Desp. part.

Uma cerimônia religiosa e um banquete com discurso
celebraram, em Honfleur, o centenário
da Sra. Mme Rouyère.
Havas

Ao som do biniú, os grevistas de Hennebont
terminaram com danças sua reunião
no "campo sindical".
Havas

Um cultivador das proximidades de Meaux, Hipp.
Deshayes, casado, pai de quatro filhos, enforcou-se,
não se sabe o motivo.

190

Cerca de trinta energúmenos faziam arruaça em
Bondy e Pantin. Dezoito foram detidos; um deles
acabara de apunhalar um transeunte.

Sequestradas, maltratadas, esfomeadas pela
madrasta, as filhas de Joseph Ilou, de Brest,
finalmente libertadas, estão esqueléticas.
Desp. part.

O carrasco chegou ontem à noite em Bougie
para matar nesta manhã o cabila
Igounicem Mohammed.
Havas

Um louco do vilarejo árabe de Beni-Ramassés
abandonou sua família, mas tardiamente,
porque a martirizava. É procurado.
Desp. part.

O pobre Urien estava sozinho na casa do rico Jacq,
em Saint-Pol-de-Léon. Apareceram assaltantes
e o deixaram inconsciente.
Desp. part.

Havia gente roubando os bois de um nativo de Khroub
(Constantine). Este tentou impedir
e recebeu um tiro. Morto.
Desp. part.

No Havre, o marinheiro Scouarnec atirou-se
sob uma locomotiva. Seus intestinos foram
recolhidos num pedaço de pano.
Desp. part.

Algum dinheiro e o título de ganhadora do prêmio de virtude consagraram as donzelas Cours, Bernier e Alaine (Les Lilas, Saint-Cloud e Maisons-Laffitte).

A Sra. Sucy, de Saint-Ouen, precipitou-se, com uma tesoura, sobre Ratier, que se batia com seu marido. Este ficou gravemente ferido.

Abalada por um veículo da cavalgada da indústria, em Saint-Denis, uma viga ornamental veio abaixo sobre o policial Duponnois.

200

Com o forcado nas costas, os Masson voltavam para Marainviller (Meurthe-et-Moselle). Um raio matou o homem e quase a mulher.

Desp. part.

Por sua dramática evasão da prisão de Roanne, Choullet e Chanay cumprirão oito anos de trabalhos forçados. Mettray, cinco anos de reclusão.

Paniosier foi mordido; Ginet, também policial, levou uma cabeçada na barriga; tentavam acalmar uma contenda, em Aubervilliers.

Um negociante de Courbevoie, Sr. Alexis Jamin, cansado de sua doença de estômago, estourou os miolos.

Uma europeia da Tunísia foi raptada, em Medjez, por dois Árabes lascivos. Conseguiu escapulir, ainda intacta, mas já meio nua.

Desp. part.

Um salto do cavalo, que um automóvel assustara,
jogou para fora de seu veículo o Sr. Pioger,
de Louplande (Sarthe) e a criada. Morto. Ferida.
Desp. part.

Ribas andava de costas diante do rolo que comprimia
uma estrada do Gard. O rolo prendeu o pé
e esmagou o homem.
Havas

Em Caen, no passeio que acompanha o rio Orne, a
quermesse dos estudantes (bailes, lutas etc.) foi
bastante festiva, apesar do tempo, inclemente.
Desp. part.

Derrotando o campeão francês, que conseguiu dançar
apenas 14 horas, o Sr. Guattero tornou-se vencedor,
à meia-noite e 27, do concurso de valsa.

2000 republicanos ofereceram um banquete em Orléans
aos Srs. Rabier e Vigier. Em Bordeaux, o Sr. Biétry
falou dos sindicalistas amarelos.
Desp. part. e *Havas*

210
Um doente, Jacquot, gerente de uma mercearia
de Maillys (Côte-d'Or),
matou sua mulher e matou-se.
Desp. part.

Com o espeleólogo Martel, conselheiros-gerais
da Provença exploraram um abismo, no Var,
cujas águas pretendem utilizar.
Desp. part.

O barco de recreio de Grall, de Brest, acabou virando.
Pendurados na quilha, seus homens foram recolhidos
pelo barco de resgate.
Desp. part.

O Sr. Mascuraud inaugurou, em Toulon, o comitê do
comércio, e o Sr. Petit encerrou, em Amiens,
o congresso de delegados regionais.
Desp. part.

Diante de 15000 habitantes de Nîmes, seis touros
estriparam sete modestas éguas e foram estocados
pelos *matadores* Conejito e Bombita Chico.
Desp. part.

Atos! Craissac, de Lille, comeu sua fatia de pão com
zinco. Seus contraditores recusaram-se
a comer a de carbonato de chumbo[8].
Desp. part.

Na estação de Mâcon, Mouroux teve as pernas
cortadas por um trem. "Olhe lá meus pés sobre
os trilhos!", disse, e desmaiou.
Desp. part.

---

[8] No final do século XIX, um problema de saúde pública afetava pintores que usavam tintas à base de chumbo, até que fosse usada uma substância (o zinco) capaz de substituir o produto perigoso. O empresário socialista cristão Jean Leclaire, para convencer os operários de que a nova substância era inofensiva, teria comido uma fatia de pão com zinco.

Com um forcado de quatro dentes, o lavrador David,
de Courtemaux (Loiret), matou sua mulher, pensando,
muito equivocadamente, que fosse infiel.
Desp. part.

Como sua piedade mostrara-se demasiado impetuosa,
o prefeito de Saint-Gervais (Gironde) havia sido
condenado. Foi agora afastado do cargo.
Desp. part.

Uma jovem de Toulon, de 16 anos, contava ao
comandante de polícia que havia matado seu filho
recém-nascido. Foi presa no mesmo instante.
Desp. part.

220
Curvada sobre o peitoril da janela, G. Laniel,
de Meaux, 9 anos, enfiava suas botinhas.
Escorregou e caiu na rua.
Desp. part.

Considerando que o deixavam tempo demais no xadrez,
em Plouescat, o bêbado Abrall, de Guimiliau
(Finisterra), ateou-lhe fogo.
Desp. part.

Culpada por deixar morrer de inanição sua jovem
filha bastarda, a Sra. Inizan, cuidadora de gado
em Guiclan (Finisterra), acabou detida.
Desp. part.

Numa briga de crianças, em Gueugnon
(Saône-et-Loire), Pissis por pouco não matou,
a facadas, Fournier.
Desp. part.

Por conta das intimidades que tomara
com sua aprendiz, de 13 anos, um alfaiate
de Toulon foi detido ontem.
Havas

Em um torneiro mecânico de Bordeaux, o esmeril
elétrico explodiu, fraturando com um fragmento
a cabeça do jovem Léchelle.
Desp. part.

Sisowath[9] apreciou acrobatas de café-concerto em
exibição particular. Doou, por intermédio do
Sr. Chanot, 1200 francos para os pobres e a polícia.
Desp. part.

Os operários da indústria de porcelana de Limoges
recusaram-se a substituir, na fábrica
do Sr. Haviland, os camaradas em greve.
Desp. part.

Catherine Rosello, de Toulon, mãe de quatro filhos,
tentou escapar de um trem de carga.
Foi atropelada por um trem de passageiros.
Desp. part.

---

[9] Preah Bat *Sisowath* foi rei do Camboja na época do protetorado francês.

No momento em que o *Hoche* fazia manobras
ao largo de Toulon, o marinheiro Clovis Guerry
enforcou-se a bordo.
Desp. part.

230
Como saía de um hotel de Bordeaux com
o Sr. Anizan, Léontine Cagnat foi atingida
por um tiro da mulher desse engenheiro.
Desp. part.

Uma bomba (pólvora e doze balas Lebel) que
não explodiu foi colocada na porta do Sr. Dubuisson,
investidor de Solesmes (Nord).
Desp. part.

Seu câncer era intolerável. Por essa razão,
o Sr. Henrion, de Châtillon-Laborde (Seine-et-Marne),
cortou o pescoço com uma faca e uma navalha.
Desp. part.

Devido às escavações do metrô, duas faces
dos muros de Lutécia[10] agora são visíveis,
a cinquenta metros do Sena.

Em um hotel de Lille, o Sr. H. Hallynch, de Ypres,
enforcou-se por motivos que, segundo carta deixada
por ele, serão em breve esclarecidos.
Havas

---

[10] Lutécia (em latim, *Lutecia*) é o antigo nome romano da cidade de Paris.

Termina a greve dos pedreiros de Oyonnax (três de suas reivindicações foram aceitas). A dos pedreiros de Agen e de Grenoble acaba de começar.

Havas

Um sexagenário de Andigné[11] (Sarthe), Sr. Bone, bêbado, agredira a empregada com tanta violência que estava prestes a ser processado. Descontente, enforcou-se.

Desp. part.

Na estrada de Soissons a Melun, em Quincy-Séguy (Seine-et-Marne), os fios telefônicos foram levados por ladrões de cobre.

Desp. part.

Inutilmente colocou a culpa em um depravado; Porcher, de La Grange, próximo a Cholet, foi obrigado a confessar que o assassino de sua mulher era ele mesmo.

Havas

O regulamento do prefeito de Angers sobre procissões não permite que saiam às ruas bandeiras sindicais, cantos não litúrgicos e bengalas.

Havas

240
Laville, de Fournier (Ardèche), deitou-se, colocou a boca da espingarda sob o queixo, acionou a arma com um fio. Morto.

Havas

---

[11] O nome tem semelhança fônica com a palavra "indigné" (indignado em francês).

Um homem de aproximadamente 30 anos
matou-se em um hotel de Mâcon.
"Não procurem por meu nome", escreveu.
Desp. part.

O tifo se alastra em Sidi-bel-Abbès, em especial
entre os colhedores marroquinos,
estafados pelo trabalho.
Desp. part.

Mal saiu da prisão de Nîmes, Féline apunhalou Julie
Chalvidan, que resistia a suas investidas,
e Paul Redoutet.
Desp. part.

Sauvage, do 2º Regimento colonial, será levado de
Brest a Nantes, ainda hoje; é acusado
de antimilitarismo.
Desp. part.

Thomas deteve os cavalos da condessa Pereire, que
haviam disparado; mas, àquela altura, Martel, cocheiro
de um fiacre percutido, já tinha sido jogado ao chão.

O Sr. O. Calestroupat conheceu, na câmara, uma dama
sem desdém. Noite galante; triste manhã:
11250 francos surrupiados.

Em farda de capitão colonial, o visconde
de Perruchon angariou, em seis meses, 100000 francos.
Cadeia, mas sem título, nem uniforme.

Um cigano matou a mulher (ela era volúvel) perto de
Maisons-Lafitte. A tribo retirou-se precipitadamente
antes da chegada dos policiais.

Observado pelo juiz Leydet, o crime de Créteil
foi reconstituído por Georges e Joseph Raoul,
além da jovem Grosec.

250
Raoul Blanchard, do 123º Regimento de infantaria,
que andava de bicicleta em Tonnay-Charente,
morreu ao atingir um muro.
Desp. part.

Perto de Saint-Chamond, um fabricante de automóveis
de Lyon-Montplaisir esmagou sob suas rodas
a pequena Faure.
Havas

As festas mutualistas de Marselha foram adiadas
de 30 de junho para data indeterminada:
o Sr. Fallières[12] era aguardado.
Desp. part.

Em Bordeaux, Anna Sicard, de 27 anos, feriu a tiros
de revólver (têmpora e braço direitos)
seu amante, Teychêne.
Desp. part.

---

[12] Armand Fallières foi presidente da República, na França, de 1906 a 1913.

Tendo roubado 5000 francos de um oficial
de Épernay, o soldado Guillaume alegou
uma história de arrombamento, mas em vão.
Havas

V. Petit, de Marizy-Sainte-Geneviève (Aisne), queria
morrer, mas alegremente; bebeu dois litros de vinho
e um de aguardente. Morreu, com efeito.
Desp. part.

O Sr. Godin, padre de Merfy (Marne), pagará 16 francos
por ter feito o casamento da jovem Lemaire antes
de oficializado pelo prefeito, pai da noiva.
Havas

Jovens demais e já mães, Meuzeret,
de Saint-Barthélémy (Seine-et-Marne), e Garnier,
de Chassagne (S.-et-L.), mataram os filhos.
Desp. part.

Um trem passou sobre dois coxins de 12 quilos
instalados na via férrea, em La Taye (Eure-et-Loir), por
desconhecidos. Pequena sacudida para os passageiros.
Desp. part.

Alguém fez com que Ch. Boulard bebesse um narcótico,
pegou a sacola do cobrador adormecido
e se apoderou das receitas.

260
Após petição de 5500 pessoas, a Sociedade
de Temperança de Reims espera que se aumentem
significativamente os impostos sobre os aperitivos.
Desp. part.

O Sr. Alain Stéphan, de Guiclan (Finisterra), acusado pelo sogro, Goarnison, nega ter ateado fogo na casa deste último.
Desp. part.

Com o leme avariado, o encouraçado *Carnot* renunciou a chegar em Cherburgo e retornou a Brest ontem pela manhã.
Desp. part.

Um cartaz por meio do qual mulheres de prisioneiros políticos protestam contra o regime da prisão de Bouguen foi afixado em Brest.
Desp. part.

Pouco antes de morrer, a Sra. Ren, de Lyon, fez com que a Sra. Lefays fosse presa. Ela atribuía seu mal às manobras dessa parteira.
Desp. part.

Em Menzeldjémil (Tunísia), a Sra. Chassoux, esposa de um comandante, teria sido assassinada, mas seu espartilho deteve a lâmina.
Desp. part.

Audaciosos meninos de 13 e 11 anos, Deligne e Julien, intentavam partir para a "caça no deserto". Foram repatriados do Havre para Paris.
Desp. part.

Uma virgem de Djiajelli, de 13 anos, importunada por um impudico engraçadinho de 10 anos, matou-o com três facadas.
Desp. part.

No calor de uma discussão, o italiano Palambo,
de Bausset (Var), foi mortalmente ferido
por seu camarada Genvolino.
Desp. part.

Alguns (os mesmos, acredita-se, que intentaram
um descarrilamento, na terça) quiseram incendiar,
em Saint-Mars (Finisterra), a casa Labat.
Desp. part.

270
Eug. Périchot, de Pailles, perto de Saint-Maixent,
tinha em sua casa a Sra. Lemartrier. Eug. Dupuis veio
buscá-la. Os dois o mataram. O amor.
Havas

O Caramujo, a Violeta e Picasse foram detidos
na estação de Saint-Jean (Bordeaux).
Piratas de trens, ao que parece.
Desp. part.

Evocando pretextos (sua honra),
o colono Remania, de Guelma,
matou sua mulher com cinco facadas.
Desp. part.

Discursos, dança e cantos de cinquenta
adolescentes inauguraram, em Neuilly,
uma estátua de Alfred de Musset.

A Sra. Potereau, de Clichy, neurastênica,
encontrou a morte ao jogar-se pela janela.
Tinha 30 anos.

Como seu quepe de guarda-florestal havia voado,
Christian, que descia numa carroça as encostas do
rio Vologne (Vosges), saltou e, caindo, morreu.
Desp. part.

Um raio atingiu, em Dunquerque, colocadores
de para-raios. Um deles caiu de 45 metros num monte
de fuligem e sobreviveu.
Havas

Na rua Championnet, Hutter, que trocava tiros
com Poittevin, da polícia, acertou um curioso,
o pequeno Guinoseau.

Maurice Barrès, que presidia aos "prêmios",
fez um afetuoso sermão às meninas do orfelinato
alsaciano do Vésinet.

A Associação de Moradores de Lyon oferecia
ontem um banquete a alguns pintores dos Salões
e ao comandante da polícia.

280
Louco de bêbado, Ballencker, de Levallois, pai de sete
filhos, feriu a mulher com um tiro e, depois,
arrebentou o próprio crânio.

P. Hautefeuille, de 19 anos, de Fresnes-les-Rungis,
matou o pai com um tiro de fuzil e a si mesmo
com outro de revólver.

Os Srs. Deshumeurs, de La Ferté-sous-Jouarre, e
Fontaine, de Nancy, morreram ambos ao cair, o primeiro
de um caminhão, o segundo de uma janela.
Desp. part.

Já são oito suicídios em Montpont-en-Bresse
em apenas alguns meses. Desta vez,
foi o septuagenário Lacroix, enforcado.
Desp. part.

O automóvel pertencente ao Sr. Olier-Larouse
matou o velho Sr. Montgillard, que
perambulava em Charolles.
Desp. part.

Em Montceau-les-Mines, a pequena Theureau, de 5 anos,
e próximo a Chagny, o Sr. Pierrot, de 65 anos,
foram atropelados por trens.
Desp. part.

Por ser muito pobre (uma mulher, três crianças),
o funcionário de estradas Pellevoisin,
de Melle, enforcou-se.
Desp. part.

Os ciúmes brutais de H. Sainremy, de Bordeaux,
lhe valeram cinco tiros de revólver
de sua mulher. Morto.
Desp. part.

Em oito dias, segundo caso de bigamia constatado
em Toulon: trata-se da esposa de um operário que se
tornou mulher de um contramestre.
Desp. part.

Ontem à noite, na rua Saint-Bon, V. Choine,
de 15 anos, foi atingida na coxa por uma bala vindo
provavelmente – por quê? – da vizinhança.

290

Aos 20 anos, o Sr. Julien estourou os miolos
nos sanitários de um hotel em Fontainebleau.
Pesares do coração.
Desp. part.

Às 5 horas da manhã, o Sr. P. Bouget foi abordado por
dois homens, na rua Fondary. Um cegou-lhe o olho
direito, o outro o esquerdo. Foi em Necker.

Arrebatado por um bonde, que o lançou a dez metros,
o herborista Jean Désille, de Vanves,
foi partido ao meio.

Por preferir a bandeira branca, o Sr. Loas, prefeito
de Plouézec, havia feito em pedaços uma tricolor[13].
Foi destituído de seu cargo.
Havas

A dois passos do concurso hípico, em Toulouse,
G. Durbach, um ex-sargento que, com 31 anos,
estava afastado, suicidou-se.
Desp. part.

---

[13] A bandeira francesa tem três cores: azul, branco e vermelho.

Uma bala da sentinela matou o detento Chartrain,
que tentava fugir da penitenciária tunisiana
do campo de Bordj-Choubban.
Desp. part.

Para o transporte de carvão dos navios (Toulon),
nenhum dos 24 prestadores autorizados
fez proposta; as cláusulas os assustam.
Desp. part.

Quebrando os vidros de um vagão, uma pedra furou
o olho de um passageiro do trem Bayonne-Toulouse.
O trem parou. Ninguém foi visto.
Desp. part.

Acrescentando sal ao mar, o *Collburnary* afundou
com sua carga perto de Camaret (Finisterra).
A tripulação foi salva.
Desp. part.

Com uma hábil estratégia de demissões, o prefeito
e a câmara municipal de Brive vêm adiando
a construção de escolas.
Desp. part.

300
Onofrias Scarcello teria realmente matado alguém em
Charmes (Haute-Marne) no dia 5 de junho? Na dúvida,
foi detido na estação de Dijon.
Desp. part.

O padre de Monceau (Côte-d'Or) vem tendo graves
dificuldades para rezar a missa.
Ladrões o privaram de seus vasos de culto.
Desp. part.

Como sua mulher já não o suportava, o alfaiate
Noblet, de Beaulon (Ille-et-Vilaine),
feriu-a gravemente com dois tiros.
Desp. part.

O sexagenário Roy, de Échillais (Charente-Inférieure),
incomodou-se com as críticas ao seu comportamento
com a criada, de 11 anos. Resolveu enforcar-se.
Desp. part.

O Sr. D..., suplente do escrivão do tribunal
civil de Tours, foi detido.
Acusam-no de adulterar os Registros.
Havas

Depois de, por seis vezes, meter uma faca no pescoço,
na cabeça e no braço direito de Apolline Baron, Ch.
Selias, seu ex-amante, fugiu.

Três membros da família Espit, de Saulzet-le-Froid
(Pas-de-Calais), saltaram do veículo cujo cavalo
disparara. Um morto, dois feridos.
Havas

A terrível megera Ilou, de Brest, declara ao juiz:
"A justiça divina está do meu lado;
irei ao paraíso."
Desp. part.

A câmara de vereadores de Brest emitiu uma nota
desejando o fim da inspeção do 14 de Julho[14]:
ela estafa os soldados.
Desp. part.

"Que a vontade de Alá seja feita!", declarou
o cabila Igoucinem, ontem, em Bougie,
diante da guilhotina.
Havas

310
Roubo de crianças em Rouen! Enquanto alguém
retinha a Sra. Thomas, sua mãe e sua irmã lhe
tiravam a filha.
Desp. part.

Celebrou-se novamente, em Carhaix,
a morte do herói. "La Tour d'Auvergne![15]
Morte no campo de honra!".
Havas

Armada com uma baioneta, a Sra. Boulanger, condenada
a cumprir pena, precipitou-se sobre o público da
audiência, em Chambéry.
Havas

Uma jovem atirou ácido no rosto do amante,
figura importante em Toulon, que tentava fugir
depois de tê-la engravidado.
Desp. part.

---

[14] O 14 de Julho é o dia da festa nacional da França.

[15] Théophile Malo de La Tour d'Auvergne-Corret, conhecido militar francês, nasceu em Carhaix, em 1743.

A portas fechadas, em 6 de julho, o tribunal
de Toulon levou a julgamento a sedutora Jeanne
Renée, que, se acredita, espionava o litoral.
Desp. part.

A Sra. Barbero, de Saint-André-Pradel, nas
proximidades de Marselha, primeiro foi estrangulada,
depois, por vingança, teve suas roupas incendiadas.
Desp. part.

Como seu trem ia parando, a Sra. Parlucy, de Nanterre,
abriu a porta e se debruçou. Um expresso lhe colheu
tanto a cabeça quanto a porta.

Tão logo a amante, farta de suas queixas, saiu,
H. Lheureux[16] (rua Saint-Martin, 126) molhou
tudo com petróleo e ateou fogo.

Dois soldados, em Nancy, esmurravam-se. A intervenção
do Sr. Fr. Wesgerbin lhe valeu três facadas;
está com o pulmão perfurado.
Desp. part.

Marinheiros argelinos do *Cyclope*, em Rochefort,
trataram com crueldade A. Bonnat
e esfaquearam seu amante, Royer.
Desp. part.

---

[16] Como nome comum, "o feliz".

320
Com vendas nos olhos, três da família Faron, de 2, 4 e 6 anos, foram mortos, em Monthureux, jogados no rio Saône pela mãe, uma louca que depois os acompanhou.
Havas

Anna Méret, de Brest, quis salvar a filha, de 5 anos, que seria atropelada por um trem. Golpeadas, a mãe está morta, a criança morrendo.
Desp. part.

Por ódio de amor, Alice Gallois, de Vaujours, jogou ácido em seu cunhado e, por imperícia, em um passante. Ela já tem 14 anos.

Do publicista Marodon, o Sr. Billion du Plan, também de Bône, recebeu, do lado direito, três centímetros de ferro, ferida em sedenho.
Desp. part.

Dois afogados encontrados em Suresnes e em Mesnil-le--Roi. Com o primeiro, acharam-se documentos em nome de J. Villaume; com o segundo, dois lenços com a inicial L.

Um quinquagenário desconhecido, enorme, ainda inchado por um mês de submersão, foi tirado da água em La Frette pelo Sr. Duquesne.

O sargento Pouget fazia tiro ao alvo no campo de Souges (Gironde). Sua espingarda estourou, ferindo-o. Motivo: terra no cano.
Desp. part.

Ébrio, P. Mérinier, de Vigneux, bateu em Cocot,
que o trazia da taberna, com uma estaca.
Cocot o derrubou com uma enxada.

Na igreja de Chavannes (Saboia), um raio fundiu
os sinos e paralisou uma devota.
Um ciclone devastou o vilarejo.
Havas

Os aprendizes de padeiro Depalle, de Belmont,
e Laville, de Roanne, afogaram-se no Loire:
perderam o pé num buraco.
Havas

330
Joseph Vergers, de Belping (Pyrénées-Orientales),
e Alph. Jérôme, de Pouxeux (Vosges), afogaram-se,
mas não foi de propósito.
Desp. part.

200 resineiros de Mimizan (Landes) estão em greve.
Três brigadas de polícia e 100 soldados
do 34º Regimento de Infantaria os observam.
Havas

Curvada para sulfatar a vinha, uma moradora
de Beaume foi atingida nos rins por um tiro de seu
cunhado, Gauthey, já com 60 anos.
Havas

O motorista Calixte, que fugiu a nado, jogou ao mar,
em Marselha, o mecânico de navios Bérenguier,
cujo corpo foi recolhido.
Desp. part.

Desde a grande rosácea do portal da catedral
de Amiens, cara a Ruskin, uma pedra caiu
sobre a escadaria.
Desp. part.

O marinheiro Le Douz tentou estrangular
a Sra. Favennec, de Brest, de 70 anos. Detido, declara
não se lembrar de nada.
Desp. part.

Na praia de Sainte-Anne (Finisterra), dois banhistas
se afogavam. Outro banhista foi ao auxílio. De modo
que o Sr. Étienne teve que socorrer três pessoas.
Desp. part.

Doente e sem esperança de cura, o Sr. Ch. Bulteaux
cortou os pulsos no bosque de Clamart
e enforcou-se em uma azinheira.

A digitalina matou a Sra. Couchy, que vivia de
rendas em Saint-Germain. Antes disso, ela redigira
carta de participação e instruções para as exéquias.

Um joalheiro de bijuterias do 3º distrito de Paris
(nome desconhecido) pescava de barco com sua mulher,
em Mézy. Ela caiu. Ele mergulhou. Desaparecidos.

340
Como suspendia sua vara de pescar em Champigny,
o Sr. Journet (rua Saint-Sabin, Paris) caiu no rio
Marne. Desde então, não foi mais visto.

Dos irmãos Crême, de Pantin,
um foi morto e outro ferido ao intervir,
a favor do pai, em uma briga.

S. M. Sisowath, em Marselha, dividiu seu
tempo entre suas dançarinas, um pedicuro
e a exposição colonial.
Desp. part.

Gégot apunhalou Quérénec.
Os dois marinheiros do torpedeiro "250"
amavam a mesma mulher de Brest.
Desp. part.

Em Le Mans, o soldado Hervé Aurèle, do 117º Regimento,
surrava freneticamente transeuntes e policiais. Foi
capturado com grande dificuldade.
Desp. part.

Cinco desconhecidos atacaram a pauladas quatro
moradores de Le Mans, que pescavam. Um deles,
o Sr. A. Poiton, está gravemente ferido.
Desp. part.

O Sr. Guigne, de Chalon, ao tentar salvar algumas
crianças, que foram salvas por outros,
afogou-se no rio Saône.
Desp. part.

Epilética, a Sra. Robeis, proprietária rural
em Saint-Jean-les-Deux-Jumeaux (Seine-et-Marne), caiu
com a cabeça em um jarro de leite. Asfixiou-se.

Próximo a Brioude, um urso sufocava
uma criança. Camponeses abateram o animal
e quase lincharam seu amestrador.
Havas

Amante abandonado, Claude Cousin feriu gravemente,
em Créteil, Louise Bisset e o Sr. Richereau,
que tentou interferir.

350

A Sra. Eugène Manuel recusava-se a pagar pela
segunda vez o monumento funerário do marido.
O tribunal deu-lhe ganho de causa.

Em M'sila (Constantine), Amari matou sua
própria irmã, a quem fora pedir refúgio
a esposa, que ele agredia.
Desp. part.

Em Les Jobards (Loiret), o Sr. David, furioso porque
sua mulher não o amava exclusivamente,
matou-a usando o forcado e a espingarda.
Desp. part.

Frachet, de Lyon, mordido por um pug e dado como
curado (Instituto Pasteur), quis morder a mulher
e morreu com raiva.
Desp. part.

Suores, prostração, erupção papulovesicular: febre
da Picardia. Em Rouillac (Charente), a cada 500
habitantes, 150 a pegaram.
Desp. part.

Chumbo nº 1, pólvora e pregos em um balde com pavio:
artefato encontrado perto da residência
do Sr. Martin, magistrado de Reims.
Havas

A autoridade da Marinha, região de Brest, atribuiu
penas de 29 a sessenta dias de prisão a marinheiros
do *Amiral-Aube*, por indisciplina.
Desp. part.

Em Toulon, uma ciumenta, a cantora Rosine Ferrébeuf,
feriu com um tiro na nuca seu amante,
o maestro Cunq.
Desp. part.

O supremo tribunal de Nancy condenou a quinze dias de
prisão, mais 200 francos, o Sr. Gosse, padre de Bennay,
que ultrajou o cobrador de impostos num inventário.
Desp. part.

O conselho de guerra de Lorient absolveu o capitão
de fragata de Espinay, que maltratou
seu locador, um juiz de paz.
Havas

360

Uma menina, tendo sofrido muitos maus-tratos,
foi encontrada morta em Sallaoun (Constantine).
Faltava-lhe um braço, uma perna.
Desp. part.

O Sr. Ozanne, ex-prefeito, recebeu a tiros de
espingarda, um deles certeiro, o oficial de justiça
Vieillot, de Falaise, depois se suicidou.
Desp. part.

Para extorqui-la, Philippe, de Marselha,
deixou-se surpreender com a amante em galante
delito por um falso guarda campestre. Detido.
Desp. part.

O Sr. Chevreuil, de Cabourg, saltou de um bonde em
movimento, bateu a cabeça numa árvore, rolou
para baixo do bonde e ali morreu.
Desp. part.

Entre Árabes, em Douaouda: um casal capturou um
sedutor muito afoito e o mutilou, privando-o
para sempre de concupiscência.
Desp. part.

Ainda sem ações para controlá-la, a epidemia letal
de febre da Picardia propaga-se também em Gourville
e Saint-Cybardeaux (Charente).
Desp. part.

Dois meses de prisão aplicados a Blanchard, de
Villerupt, foram dobrados pelo supremo tribunal
de Nancy, propositalmente duro com os grevistas.
Desp. part.

Sinais distintivos de um desconhecido cujo corpo foi
retirado da barragem de Bezons: a perna esquerda
anquilosada, um soldado tatuado no braço direito.

Para virtude igual, diferente salário[17]: prêmio de
virtude, em Granges-le-Roi, 250 francos;
em Magny-en-Vexin, 300; 500 em Argenteuil.

Na ilha de Grande-Jatte, uma discussão entre os
trabalhadores Werck e Pigot terminou com três tiros
disparados pelo último e recebidos pelo primeiro.

370
Após cair de um trem em alta velocidade,
Marie Steckel, de Saint-Germain, de 3 anos,
foi encontrada brincando no cascalho do balastro.

Julgando a filha (de 19 anos) muito pouco austera,
o relojoeiro Jallat, de Saint-Étienne, a matou.
É verdade que lhe sobram onze outros filhos.

Havas

Uma jovem frequentadora da noite aplicou
uma machadada em A. Renaudy, numa taberna
do Bulevar Rochechouart, depois se foi.

A virtude em Neuilly: as jovens premiadas Fétu e
Murat foram coroadas. O tenente B. de Treil entregou
na delegacia uma bolsinha de mulher.

O monumento a Daubigny, erguido por iniciativa
de Édouard Philippe e graças ao cinzel do Sr. Fagel,
foi inaugurado em Auvers-sur-Oise.

---

[17] Um princípio das leis de trabalho na França prevê, para "trabalho igual", um "salário igual" ("À travail égal, salaire égal").

Pode-se dizer com exatidão que o prefeito
de Saint-Gervais (Gironde) foi suspenso,
mas não que tenha sido condenado.
Havas

Os membros e a cabeça do Sr. Louis Lévêque,
de Aubenas, foram reduzidos a cinzas por um
incêndio. Apenas o tronco foi encontrado.
Havas

Tesoura na mão, Marie Le Goerfic brincava
em um balanço. Por isso, ao cair, teve a barriga
perfurada. Hospital Bretonneau.

À beira d'água, em Saint-Cloud, foram encontrados o
sabre e o uniforme do soldado Baudet, desaparecido
desde o dia 11. Homicídio, suicídio ou encenação?

Com cianeto de potássio, o engenheiro químico Bel,
que passava por problemas familiares,
envenenou-se, na rua de Londres, nº 13.

380
Por motivos desconhecidos, o filho de um deputado
húngaro, o Sr. Warmann, morreu asfixiado
em uma family-house da rua Saint-Guillaume.

Com artifícios químicos, trapaceiros dão a selos
novos de 10 centavos uma cor de vinho e os vendem
como raríssimos aos ingênuos.

Na cumeeira da estação de Enghien, um pintor foi
eletrocutado. Ouviram-se estalar suas mandíbulas,
antes que despencasse sobre a marquise.

Um laço na mão e ululando, Kieffer, de Montreuil,
internado três vezes em dois anos, galopava.
A certa altura, desapareceu. Teria se enforcado.

Todas as amazonas em pânico. O carrossel de porcos
Legrand, Place des Fêtes, em Clichy, ardeu às 6 horas
da tarde. Prejuízo: 18000 francos.

Acreditando reconhecer ontem seus agressores
de segunda-feira, o Sr. Liester, de Clichy, disparou.
Naturalmente, um transeunte (Sr. Bardet) é que foi atingido.

As pulgas do vizinho Giacolino, amestrador,
incomodavam o Sr. Sauvin. Ao tentar apossar-se
da caixa onde estavam, levou dois tiros.

Atacado em sua própria casa, na rua de Meaux, pelos
irmãos Prunier, Terrier reagiu. Ele e um dos dois
estão agora no hospital; o outro na prisão.

O Sr. Linz-Veren fraturou o crânio, quando sua
motocicleta atingiu, na avenida Philippe-Auguste,
o automóvel do Sr. Lardy.

Um automóvel, que fugiu de imediato, derrubou
um fiacre em Neuilly. O cocheiro, Ch. Jacques, teve o
crânio fraturado; o Sr. Dumot, pernas quebradas.

390

Sua mulher o havia abandonado. O Sr. Bassot, de La Garenne-Colombes, tentou asfixiar-se com carvão vegetal. Ele agoniza em Beaujon.

Láudano enriquecido com ácido nítrico, poção que o Sr. Paul Malauzet, de Montrouge, engoliu ao saber que sua mulher o traía.

No quintal do pai, o soldado colonial Alphan, de folga em Villejuif, exaltado pelo rum e pela febre, enforcou-se.

Natural de Lorraine, com 83 anos, a Sra. Lautin, que acabara de se instalar na casa da filha, em Noisy-le-Sec, está perdida desde a manhã de sábado.

F. Martineau agoniza em Laënnec: um automóvel passou por cima dele, em Bolonha. Em Saint-Maur, o cocheiro Gillot teve a cabeça rachada.

Uma vendedora de frutas de Issy, Léontine Brachot, cujo poço tem 15 metros de profundidade, atirou-se nele. Foi retirada quase morta.

Um negociante de Saint-Gaudens surpreendeu a mulher abraçada com um barbeiro. Disparou. O amante ficou ferido; a amante fugiu.
Desp. part.

Com um golpe de matraca, uma mulher árabe, de Teboursouk (Tunísia), matou o marido, homem desconfiado e brutal.

Jogos de amor em Béziers: Corniod, que vivera sete anos com Rosalie Petit, perfurou-a com duas balas e a si mesmo com uma faca.
Havas

O Sr. Chanudet pegou oito anos de detenção (tribunal do Cher). Tabelião em Bourdelins, ele teria subtraído, com a ajuda de falsificações, 137000 francos.
Desp. part.

400
Exonerado pela Administração de Pontes e Estradas, Pajas, velho lavador de navios, saltou no rio Garonne, em Bordeaux, com um saco de pedras no pescoço.
Desp. part.

O cantor Luigi Ognibene feriu com dois tiros, em Caen, Madelon Deveaux, que não desejava ver monopolizada sua beleza.
Desp. part.

Raoul G..., de Ivry, marido indelicado, voltou para casa de surpresa e atravessou com uma faca sua esposa, que se recreava nos braços de um amigo.

Na tourada de Béziers, um picador ficou ferido e um touro, que saltara a barreira de proteção, fez estragos com o chifre num curioso.
Havas

Depois de tê-la atropelado, o Sr. H. B., negociante em Montmort, colocou em seu automóvel a Sra. B, e a deixou agonizante no hospital de Reims.
Havas

Jules Rotti, um de nossos mais jovens larápios
(tem 14 anos), foi detido em Bolonha:
tentava arrombar um cofre-forte.

Como seu amigo recusava-se a matá-lo,
um rapaz de 19 anos, de Liffol (Haute-Marne),
deixou ser decapitado por um trem.
Desp. part.

Por impedir a entrada de um inspetor do trabalho,
o organizador da exposição de Marselha deverá
pagar 500 francos de multa.
Desp. part.

Presumido espião, um ex-funcionário dos escritórios
da Artilharia foi detido em Blainville-sur-l'Eau
e trancafiado na prisão de Épinal.
Desp. part.

Acidente ou, mais provavelmente, suicídio,
a Sra. Veit e sua filha, Antoinette, de 9 anos,
se afogaram no canal em Nancy.
Desp. part.

410
"O quê? Essas crianças empoleiradas no meu muro!"
Com oito tiros, o Sr. Olive, proprietário em Toulon,
as fez descer de lá, ensanguentadas.
Desp. part.

Muitos habitantes de Dunquerque morreram na guerra.
Seu monumento foi inaugurado ontem sob a presidência
do deputado Guillain e do senador Trystram.
Desp. part.

Nény, Pruvost pai e filho, entre outros "sobreviventes" de Courrières[18], viajaram para Herne a fim de agradecer aos salvadores de Westfalen.
Desp. part.

Em Verlinghem (Nord), a Sra. Ridez, 30 anos, foi degolada por um ladrão, enquanto seu marido estava na missa.
Havas

Antes Secretário do prefeito de Saint-Étienne, o socialista Plantevin, com 22 votos, agora ocupa a prefeitura. Ele substitui o Sr. Ledin, eleito deputado.
Desp. part.

No lago de Annecy nadavam três rapazes. Um deles, Janinetti, desapareceu. Mergulhos dos outros. Trouxeram-no de volta, mas morto.
Desp. part.

O encouraçado de esquadra *République* fez, em Brest, testes preliminares, com potência de 10000 cavalos.
Desp. part.

A Sra. Tripier disparou duas vezes (sem balas, declarou) em seu pai, Marquet, de Montberthault (Côte-d'Or), em disputa por uma barca.
Desp. part.

---

[18] A pior catástrofe da história da mineração na Europa ocorreu em minas de carvão situadas entre Courrières e Lens, no Nord-Pas-de-Calais, em 10 de março de 1906, quando uma explosão deixou 1099 mortos. Uma equipe de mineiros alemães voluntários esteve na França para ajudar na localização dos trabalhadores.

Congestionado pelo calor, Hélectre, que trabalhava em um telhado de Reims, a 20 metros do solo, precipitou-se até ele.
Havas

O malfeitor Bonnaud foi condenado à morte. A sentença especifica que a decapitação será feita numa praça pública de Marselha.
Desp. part.

420 Cerca de 3000 trabalhadores da produção de cachimbos, em Saint-Claude, entraram em greve ontem pela manhã por uma questão de salário.
Havas

Um rapaz (agente da segurança, segundo diz) estrangulou e roubou, em Granges (Vosges), a Sra. Boulay, de 85 anos, depois fugiu.
Havas

Nome do homem detido em Blainville como espião: Tourdias. Idade: 24 anos. Profissão: ambulante de ataduras e drogas.
Desp. part.

Testado em Cherburgo, o torpedeiro "352" alcançou a velocidade de 27 nós e meio; a Comissão ministerial está satisfeita.
Desp. part.

Por ocasião de uma peleja com revólver entre dois bandidos, no Bulevar de Bellevile, dois transeuntes azarados saíram feridos na noite passada.

Aos 77 anos de idade, o *Courrier des Ardennes*, jornal conservador e católico publicado em Charleville, encerra suas atividades.
Havas

O Conselho de Guerra de Châlons infligiu três anos de prisão a Gérard por fatos ligados a sua deserção, ela mesma anistiada.
Carta part.

De licença em Périgueux, o funcionário colonial Pomarel, por ciúmes, feriu com um tiro a Sra. Queyrot e com outro se matou.
Desp. part.

Nas fábricas de Fives-Lille serão readmitidos, sem exceção, os operários (atualmente em greve) que se apresentarem na quinta-feira.
Havas

A bordo do *La Néra*, em Marselha, o ajudante Vatnis, índio das ilhas da Oceania, rasgou o ventre de um outro ajudante índio, André.
Desp. part.

430
Segundo a mãe do pequeno Moureau, de Maubeuge, criança com idiotia, uma empregada de 16 anos, Marthe Delvaux, teria tentado envenenar o filho.
Havas

Em vão os torpedeiros tentaram penetrar no estreito
de Lorient: os torpedos ainda dormiam ali,
mas com sono muito leve.
Havas

Apesar da ajuda da guarda, de policiais e militares,
um incêndio causou prejuízos de 300000 francos
em um hotel de Elbeuf.
Desp. part.

Um depósito de feno, na caserna do 7º Regimento de
Hussardos, em Niort, ficou queimado. Com exceção de um,
agora no hospital, os recrutas tiveram tempo de fugir.
Desp. part.

Dois assaltantes fugiam. O Sr. Génieux quis
impedir-lhes a passagem e recebeu um tiro. Um único
foi capturado, ferido pela polícia.

Os responsáveis de seis jornais serão julgados no dia
21 por inserção de anúncios galantes, bem como
(inovação) os autores dos anúncios.

O Coelho de Montmartre (Lucien Undreiner) foi
detido. É suspeito de um roubo (Asnières)
e de um assassinato (Courbevoie).

A pequena filha do guarda campestre Wegmüller, de
Lescherolles (Seine-et-Marne), colheu algumas flores,
mastigou-as e morreu envenenada.
Desp. part.

Veementes cartazes convocam os moradores de Brest
para uma reunião que terá lugar, sábado,
na Bolsa do trabalho.
Desp. part.

O septuagenário Louis Rouquette,
de Salindres (Gard), enciumado,
matou a mulher com oito facadas.
Desp. part.

440
O general Bazaine-Hayter, que foi recebido
ontem em Clermont com solenidades, recomendou,
aos oficiais, benevolência.
Havas

A febre da Picardia, em Charente e em
Charente-Inférieure, chegou ao fim.
As medidas de preservação estão adiadas.
Desp. part.

O motorista de Lyon Marius Pâris matou-se
não sem antes (marido detalhista)
ferir a mulher com três tiros.
Desp. part.

Eug. Allery, ladrão cujos empreendimentos
são há tanto tempo bem-sucedidos, foi condenado, em
Versalhes, a doze anos de trabalhos forçados.

Henriette Barety, que, durante vinte anos, foi Sra.
Falcon, deu um tiro na própria barriga,
em Toulouse. Sua agonia durou quatro dias.
Desp. part.

O marujo Renaud suicidou-se em Toulon com sua
amante. Seu último pedido: o mesmo caixão ou,
pelo menos, a mesma cova.
Desp. part.

O Sr. Husson, prefeito em Nogent-sur-Marne,
alojou três balas de revólver na cabeça, sem
conseguir se matar.

O vice-governador de Péronne visitou os municípios
devastados pelo furacão da noite de quinta-feira
e concertou-se com o governador.
Desp. part.

Um incêndio atingiu algumas pilhas de copra
nas docas de Marselha. Os bombeiros o
extinguiram logo no início.
Desp. part.

Estudantes de Niort estavam sendo coroados
quando o lustre caiu. Os louros de três deles
ficaram tingidos de um pouco de sangue.
Desp. part.

450
Os assassinos da jovem Colas, de Pont-à-Mousson,
foram condenados a trabalhos forçados:
Renard por dez anos, Vicaire para sempre.
Desp. part.

Na soleira do presbitério de Suippes (Marne), apesar
de inofensiva, uma caixa causou comoção,
tendo em vista sua mecha acesa e seus fios.
Desp. part.

Em Marselha, o napolitano Sosio Merello
matou a esposa: ela não queria
negociar seus encantos.
Havas

A costureira Adolphine Julien, de 35 anos, jogou
ácido em seu amante, o estudante Barthuel, que fugia.
Dois passantes saíram manchados.

O lascivo Charpin, de Soubille (Loiret), matou-se
asfixiado com o pai e a mãe. Naquele momento,
policiais estavam a caminho para prendê-lo.
Desp. part.

Imperador, criado de fazenda, de 70 anos,
assassinou, em Larrouquet (Lot-et-Garonne),
seu patrão, o Sr. Dubus.
Desp. part.

Um "peixe real", de 150 quilos, está em exibição
em Trouville por 5 vinténs. Foi oferecido ao Jardin
des Plantes: não houve resposta.
Desp. part.

Um pirotécnico de Caen, o Sr. Lebourgeois, foi morto
por uma bomba de sua fabricação. O Sr. Matrat
e cinco outras pessoas ficaram feridos.
Desp. part.

De Troyes: o Sr. M. C..., negociante de peles, foi
atropelado por um trem; uma de suas pernas
rolou para dentro de um buraco.
Havas

O submersível *Émeraude* foi lançado à água
em Cherburgo, diante do almirante Besson.
Em breve, virão o *Rubis* e o *Topaze*.
Desp. part.

460

A propaganda feita pelo sindicato do porto no
arsenal de Toulon foi obstruída por novas
medidas administrativas.
Desp. part.

É iminente o escândalo de um roubo de bronze no
arsenal de Toulon (150000 francos). Algumas buscas
exitosas foram feitas.
Desp. part.

Tribunal de Bordeaux: vinte anos de trabalhos
forçados para Marthe Coulon, que premeditou e executou
o assassinato de seu amante, Saint-Rémy.
Desp. part.

No teatro de Orange, a *Safo desesperada*, da Sra. Lucie
Delarue-Mardrus, foi às nuvens. Grande sucesso
também para o Sr. Rougier.
Havas

Alguém de La Garde, ao morrer, deixou 50000 francos
para os hospícios de Toulon e quase nada
a seus herdeiros.
Desp. part.

Uma briga, em Soukharas, tivera como saldo cinco feridos e um morto. Algumas horas depois, o filho da vítima matava o homicida.
Desp. part.

Uma empregada de 17 anos, Camille Simon, foi detida, em Saint-Mihiel, por sevícias que causaram a morte de um infante.
Desp. part.

Notícias dos feridos do encouraçado *Jules-Ferry*: Berteaux e Godard deixarão em breve o hospital de Cherburgo, a exemplo de Boulet.
Desp. part.

Harold Bauer e Casals dão um concerto hoje, em Saint-Sébastien. Além disso, é possível que se batam em duelo.
N.Y.H.

Entrando à noite e por arrombamento na joalheria Lazard, em Bordeaux, desconhecidos levaram um valor de 250000 em pedras.
Desp. part.

470
Em Aubusson, Paul Barraband, de 24 anos, filho do antigo prefeito, mata Marg. Peyrony, de 22 anos, namorada desde 1900, e fere-se.
Desp. part.

Na estação de Émerainville (S.-et-M.), um trem
vazio descarrilou, interceptando
o Paris-Belfort por horas.
Desp. part.

Acidente de automóvel em Éloyes (Vosges):
o Sr. Colombain fraturou as costelas e, em dois
lugares, uma perna; sua mulher também feriu-se.
Desp. part.

Casos sentimentais. Um proprietário de café
em Verquin (região de Béthune), o Sr. Simon, casado,
pai de três filhos, suicidou-se.
Havas

O general de divisão Gillet entregou sua gravata
de comendador ao brigadeiro Rungs
e entrou solenemente em Constantine.
Desp. part.

A Sra. Piet, padeira em Bercenay-en-Othe (Aube),
agoniza, e seu filho Gaston, de 9 anos, morreu,
após a capotagem de seu veículo.
Havas

O carpinteiro Agathe Borel, de Bezons,
morreu ao despencar de um telhado
(queda de 10 metros).

Demissionários todos eles, os Srs. Desoyer, Leprou e
Lévêque foram reeleitos prefeito e secretários
de Saint-Germain-en-Laye.

Trens mataram Cosson em Étang-la-Ville; Gaudon,
nas proximidades de Coulommiers, e o funcionário
das hipotecas Molle, em Compiègne.

Em Saint-Cloud tem hoje início a exposição
anual de horticultura e, em Rueil,
um concurso musical.

480
Um cantor parisiense (rua Saint-Antoine),
o Sr. Henry Nonnoy, de 31 anos, afogou-se na ponta
de Champigny ao banhar-se.

500 francos foram prometidos pelo Sr. Delarue para
quem localizar, no prazo de dez dias,
seu filho, o padre de Châtenay.

Um incêndio destruiu tudo que havia
no apartamento ocupado pelo casal Toupinier
na rua da École-Polytechnique, nº 14.

A Sra. Céline Larue, de 43 anos, apartamento sito
no 4º andar da Chaussée du Pont, em Bolonha,
caiu pela janela. Morta.

A Sra. Ernestine Gapol, de 49 anos, residente
em Vanves (avenida Gambetta), suicidou-se:
dois tiros na cabeça.

Um bonde percutiu, em Nogent-sur-Marne, uma carroça
cujo varal, em seguida, atingiu com um golpe
mortal o carroceiro Baujard.

Em Carrières-sous-Bois, o Sr. Chercuitte retirou da água um homem (flanela com as iniciais H.J.) que estava do Sena há uns quinze dias.

Pauline Rivera, de 20 anos, crivou de furos de alfinete de chapéu o inconstante Luthier, lavador de pratos em Chatou, que pensava tê-la despistado.

Vingando o bando que um obstinado policial de Argenteuil expulsava de Cormeilles-em-Parisis, a cigana Nita Rosch mordeu-o.

Em uma barraca de jogos de Argenteuil, noturnos desconhecidos confiscaram aparelhos e fios elétricos usados na contagem dos pontos.

490
Pegando água com uma garrafa, em Maretz-sur-Martz (Oise), Georges Antoine, de 4 anos, perdeu o equilíbrio e se afogou.
Desp. part.

A Sra. Guillory, de Grez-sur-Loing (S.-et-M.), septuagenária, foi pisoteada até a morte por uma vaca que ela apascentava.
Carta part.

A queda de uma porta arrancada de suas dobradiças pela carroça de feno que conduzia matou em Villegagnon (S.-et-M.) Bourbouze, de 17 anos.
Carta part.

Caso Lenfant: o intérprete Iba Boye comparece hoje ao tribunal de Bordeaux, diante da Câmara de recursos correcionais.
Desp. part.

A ordenança Alb. Guemon, do 117º Regimento, afogou-se no vau de Maulny (Sarthe), onde um cavalo montado por ela se banhava.
Desp. part.

Saint-Jean e Saint-Symphorien aguardam para ter seus crimes: o procurador de Marennes pediu a autópsia, naquela, da Sra. B... e, nesta, do Sr. Vrignaud.
Desp. part.

Com as caixas de graxa muito aquecidas, um vagão do expresso de Luchon começou a queimar diante de Athis. O problema foi percebido a tempo.

Um velho Árabe de Bugeaud que transportava lenha a caminho de Bône foi nocauteado a cacetadas por desconhecidos e depenado.
Desp. part.

Diante do nº 29 do Bulevar de Belleville, Sarah Rousmaer, que fazia passeios noturnos, foi morta a facadas, ontem à noite, por um homem que fugiu.

Toda queimada (o fogo pegara em sua saia), Léonie Lefèvre, 10 anos, de Saint-Maur, morreu no hospital Trousseau.

500

Marie Jandeau, bela moça que muitos conheciam em Toulon, morreu asfixiada ontem à noite em seu quarto, de propósito.
Desp. part.

O severo tribunal de Constantine envia para o reformatório um fauno de 14 anos que amou, à força, uma Maltesa muito antiga.
Desp. part.

A tiros de revólver, o Sr. Paul Barraband, de Aubusson, matou, na noite de terça para quarta-feira, a jovem Pérony, e tentou suicidar-se.
Havas

Uma onda silenciosa levou, sob os olhos da mãe, o pequeno Mace, que pescava nas rochas de Poul-Briel, perto de Penmarch.
Desp. part.

Falecimento: o Sr. Charlois (Paris, rua Nollet, n⁰ 45) teve uma tontura e caiu do dique onde caminhava em Arromanche.
Desp. part.

Com 80 anos, a Sra. Saout, de Lambézellec (Finisterra), começava a temer que a morte a tivesse esquecido; quando a filha saiu, ela enforcou-se.
Desp. part.

400 homens do 71º Regimento de Infantaria (Saint-Brieuc) esforçam-se para limitar o incêndio na floresta de Hunandaye.
Havas

Os marinheiros contrabandistas. A alfândega de Toulon apreendeu, a bordo dos navios da marinha, grande quantidade de tabaco e cigarros.
Desp. part.

Será oficialmente testada, em setembro, a *République*, embarcação que chega hoje ao arsenal de Brest.
Desp. part.

Em Brest, o marinheiro Rolland, punido severamente, envenenou-se com arsênico depois de ter experimentado um raticida.
Desp. part.

510
O doutor Descottes, tabelião, havia fugido de Corbelin (Isère), onde deixara um passivo. Estourou os miolos em Francheville (Rhône).
Havas

Com as mãos amarradas e o dorso carregado de pedras enormes, o cadáver de um sexagenário foi descoberto no areeiro de Draveil.

Uma criança de 3 anos, Henri Calet, de Malakoff, caiu em uma bacia de água fervente e não sobreviveu às queimaduras.

Lucienne Debras, 4 anos, brincava diante de casa, em
Saint-Denis, quando o bonde da Madeleine passou,
esmagando-lhe o crânio.

Couteau, funcionário do carrossel de porcos
em Levallois-Perret, puniu com dois tiros
a interferência de Dreux em uma querela sua.

Foi preso o desvairado que tirou a vida de Sarah
Rousmaer, na calçada em que esta exercia seu
ministério; o nome dele: Koenig.

A Sra. Thévenet, de Maisons-Alfort, derrubou sua
lamparina. A cama pegou fogo e atingiu essa mulher
de 96 anos, que sucumbiu.

O júri de Rennes condenou a quatro anos de prisão
o Sr. Derrien, que, tabelião em La Boussac
e jogador, burlava os camponeses.
Desp. part.

Amiúde seus campos ardiam. Armado, Pinard,
de Coligny (Loiret), fez tocaia. Passou Pénon;
incendiário ou não, levou a descarga.
Carta part.

Foi um trocista que inseriu em uma garrafa
encontrada em Ostende o anúncio do naufrágio do
Espérance, veleiro de três mastros de Dunquerque.
Havas

520

Auduche, que há anos praticava o roubo de familiares, foi detido em Vincennes, no papel do primo de Colmar.

Uma explosão de gás, que fez das preciosidades do balcão um sombrio purê, queimou as coxas do açougueiro Cartier, de Argenteuil.

O fósforo de um fumante ateou fogo nos matagais de Kervallon (Finisterra); uma fábrica de pólvora esteve perto de explodir.
Desp. part.

Os cilindros de trituração da fábrica de tijolos de Saint-Leu-d'Esserent (Oise) arrancaram a perna de Auguste Jacquy, de 33 anos.
Carta part.

O papeleiro Irénée Plançon, d'Essonnes, louco de ciúmes, feriu a mulher com três tiros, aliás sem gravidade. Foi detido.

Marinheiros tiraram das águas do Sena, em Clichy, o corpo de um homem de 24 anos que carregava um certificado em nome de Boyer.

Alguns fizeram cortes em Courbevoie, o outro receptou centenas de metros de fios telegráficos: ao todo, quatro malandros foram presos.

A identidade do ciclista esmagado anteontem à noite por um bonde, em Asnières, foi divulgada: trata-se do Sr. Jules Lacour, 55 anos, rua do Chalet, nº11.

Um bonde da linha de Arpajon arrebentou
o peito de Jules Chevalier, de 3 anos,
em Bourg-la-Reine.

Saudável em suas fraudas de hospital, um bebê de
dois meses foi encontrado, em La Plaine-Saint-Denis,
encostado em um pilar da ponte de Soissons.

530
Ao ser chamado, o Sr. Sirvent, dono de um café em
Caissargues (Gard), abriu sua janela, à noite;
um tiro de espingarda o desfigurou.
Desp. part.

Em uma rua de Roubaix, o tecelão Legrand perfurou
com dez facadas, algo superficiais, sua
ex-mulher, Angèle Duquesnoy.
Por telefone

O Sr. D..., negociante em Courbevoie, conseguiu colocar
atrás das grades o ex-amante de sua esposa, Dumont,
que especulava com as cartas da imprudente.

Ficaram inconscientes Balloquin (garrafada), de
Neuilly, graças a Tarvin, e (paulada) a Sra. Benoist,
de Saint-Denis, graças a Billou.

"Bebida!", gritava Ducharle, também conhecido como
Bamboule, que, diante da recusa, espatifou com cinco
balas as garrafas de um café de Corbeil.

Pajoux, habitante de Aubervilliers, do local
conhecido como "Recanto do Crime", foi preso usando
sua arma contra as pessoas.

Marcel Prévost caiu, em Saint-Germain, sob um automóvel que passava a 4 km por hora. O jovem teve algumas costelas quebradas.

Prematuramente ciumento, J. Boulon, de Parc-Saint-Maur, feriu com um tiro de revólver a coxa de Germaine S., sua noiva.

Um javali, pensou o Sr. Trémollière, que caçava na floresta de Lare (B.-du-Rh.), e acabou matando, numa moita, o caçador Cazalie.
Desp. part.

Um lavador de pratos de Nancy, Vital Frérotte, que chegara de Lourdes curado para sempre da tuberculose, morreu domingo por engano.
Desp. part.

540
O doutor Tivollier, advogado em Grenoble, caçava. Tropeçou, a arma disparou, o doutor Tivollier tinha morrido.
Desp. part.

Tendo sido estrangulada em sua cama, Baptistine Giraud ou, em galanteria de Grenoble, "Titine", a polícia prendeu Gnafron, soldado.
Desp. part.

O reservista Montalbetti, apelidado Gnafron, teima em negar ter estrangulado Titine Giraud, a bela de Grenoble.
Desp. part.

Um cortador de juncos encontrou, na lagoa de Saclay,
o cadáver da jovem Marie Grison, amarrado,
com o lastro de uma pedra.

Empurrado pela devoção convulsiva de um peregrino
de Lourdes, o mons. Turinaz foi ferido na face
e na coxa pelo seu ostensório.
Desp. part.

Perto de Saint-Mihiel, o tenente Renault foi
encontrado debaixo de um teixo, desmaiado. Ele ainda
não está falando e o major não sabe o que dizer.
Desp. part.

200 operários italianos (dois foram baleados)
libertaram um de seus camaradas feito prisioneiro
na alfândega de Homécourt (Meurthe-et-Moselle).

Os fedelhos Fassiot e Valot, de Nangis (S.-et-M.), se
divertiram colocando troncos sobre os trilhos:
um trem de carga descarrilou.
Carta part.

Desde a Separação[19], o padre de Chanteheux (M.-et-M.)
também vendia bebidas alcoólicas. Os Impostos
Indiretos lhe impõem a contribuição.
Desp. part.

Baionetas, machados, foices: duas tribos de ciganos
entraram em confronto em Dombasle (M.-et-M.).
Dos seis feridos, um vai morrer.
Desp. part.

---

[19] A lei da separação das igrejas e do Estado foi promulgada em 9 de dezembro de 1905.

550

As passageiras e o Sr. Montgeon, parisiense
de Dinard, não se machucaram muito quando
o automóvel tombou; o mecânico está em mau estado.
Desp. part.

Um operário do porto de Toulon, Honoré Maffei,
que atirou seis vezes em sua sobrinha,
foi linchado mais do que pela metade.
Desp. part.

Uma senhora de Nogent-sur-Seine desapareceu (1905)
em passeio nos Pireneus. Acaba de ser encontrada, em
uma ribanceira, junto a Luchon, de anel no dedo.
Desp. part.

Uma moagem enorme, construída em cimento armado
sobre o aterro do porto de Túnis,
sofreu uma inclinação de 5 metros sem rachar.
Desp. part.

A esperança são os caçadores (a região é abundante
em caça) para descobrir o abade Delarue.
Maindron, o rapaz de bateria, é inocente.
Desp. part.

Foram descobertos ossos em uma residência de Île
Verte, perto de Grenoble: são, ela confessa,
de filhos clandestinos da Sra. P.
Havas

O cocheiro Friant havia embarcado, na rua de Rivoli,
dois ciclistas. "Para o Bois de Boulogne!" Ali, recebeu
um tiro de revólver e foi roubado.

Descontente, pode-se imaginar, com o subintendente
militar Domech, o negociante de Bordeaux
Daurat-Brun lançou contra ele dramáticas inventivas.
Desp. part.

Atropelados, ela por um bonde, ele por um automóvel,
Marie Chevalier, 10 anos, do Mans, e Le Franc, 3 anos,
de Vannes, morreram.
Desp. part.

Em Nice, operárias do tabaco, de Scaferlati
e de Ninas, foram vaiadas (ao aceitar trabalho
suplementar) pelas charuteiras.
Havas

560
Pierre Melani, que tinha suas queixas contra
a polícia, perfurou com uma facada na barriga
o comandante Montial, de Lyon.
Desp. part.

Três abalos de terremoto, aliás inofensivos,
acordaram Constantine, ontem,
às três da madrugada.
Desp. part.

Em Cozes, 150 homens vindos de Rochefort para
manobras ficaram imobilizados.
O calor. E eram soldados coloniais.
Desp. part.

A nova prisão solitária de Amiens foi inaugurada
pelo jovem Gourson, que matou, ontem,
o amigo Godin, de 14 anos.
Desp. part.

Como Poulet, da polícia de Choisy-le-Roi, pretendia
detê-lo, Marquet arrancou-lhe o sabre e furou-lhe
a face, de um lado a outro.

Reatar com Artémise Rétro, de Lilas, era o desejo do
afetuoso Jean Voul. Ela se mostrava inflexível.
De sorte que ele a apunhalou.

Exaltado pela estátua de Rouget de Lisle[20] de
Choisy-le-Roi, Marquet a escalou e fez invocações;
sua verve foi menos apreciada: está em detenção.

As jovens Cabriet e Rivelle, de Plaine-Saint-Denis e
Bagnolet, além do Sr. Goudon, de Saint-Denis, beberam:
este cianeto, aquelas, láudano.

Amiens vai coroar uma musa em 16 de setembro.
Quarenta belas cobiçavam esse papel. Ele cabe
a Marie Mahiou, tecelã de veludo.
Desp. part.

Em Méréville, um caçador de Étampes, acreditando
tratar-se de caça, matou um pimpolho e, com o mesmo
tiro de espingarda, feriu o pai.

---

[20] Claude Joseph Rouget, ou Rouget de Lisle, foi militar, poeta e dramaturgo francês, autor de *La Marseillaise*, hino nacional da França.

570

O Instituto antirrábico de Lyon havia curado
a jovem Lobrichon; mas, como o cão tinha raiva,
ela morreu mesmo assim.
Desp. part.

O Sr. Odelin, vigário geral do arcebispado de Paris,
quebrou o pé em Saint-Gervais-les-Bains (H.-Sav.)
onde veraneava.

Da rua, Delrieux ameaçou seu irmão à janela:
"Entre ou vai haver um massacre!"
E matou-o com um tiro. Foi detido ontem.

Verbeau atingiu, de fato, o peito de Marie Champion,
mas queimou o próprio olho, pois a tigela
de vitríolo não é uma arma precisa.

Alb. Vallet batia com a coronha de sua espingarda
o proprietário Ferrand, de Chapet.
A arma disparou e o caçador caiu morto.

Acidente de caça: o Sr. Marie Bourdon,
agricultor em Épaignes (Eure),
matou seu irmão, Étienne.
Por telefone

Em Bécu, de 28 anos, que chegou a Beaujon perfurado
por um tiro, contaram-se 28 cicatrizes. Seu apelido
entre o povo andarilho: O Alvo.

O amor, decididamente, não quer tranquilidade.
Émile Comtet, rua Davy, nº 25, perfurou com a faca
o peito de sua esposa.

De sentinela, à noite, no forte de Gondreville, próximo a Toul, o reservista Alison, do 156º Regimento, caiu da muralha, o que lhe causou a morte.
Desp. part.

Uma fábrica de balanças foi destruída pelo fogo em Reims. Dois bombeiros ficaram feridos, duas crianças e um soldado sofreram insolação.
Desp. part.

580
Os ossos encontrados na Île Verte de Grenoble constituem não dois, mas quatro esqueletos de crianças, menos dois crânios.
Havas

Um incêndio destruiu um depósito de móveis no porto mercante de Toulon. Há feridos.
Desp. part.

Os salineiros de Pesquiers, em Hyères, quiseram um pouco de sal em seu contracheque. Para tanto, estão em greve.
Desp. part.

Os grevistas de Grenoble queixam-se aos guindastes; em dois canteiros de construção eles tiveram os cabos cortados.

Com vistas a sua viagem aos Estados Unidos, onde será enterrado, o Sr. Stillman (acidente de automóvel em 18 de julho) foi embalsamado em Lisieux.
Havas

O cisma de Culey (Meuse). A despeito do bispo, as ovelhas mantêm como padre o abade Hutin e dispensam o abade Richard.
Desp. part.

O gravador Mignon e o Sr. Dumesnil, do gabinete do Sr. Briand, chegaram às vias de fato em Nemours. A administração feriu a arte no cotovelo.
Havas

Dos cinco comedores de mariscos, operários de artilharia da 2ª Companhia (Nice), dois morreram, Armand e Geais; os demais estão doentes.
Desp. part.

De Grenoble, na última noite, via-se uma linha de fogo de vários quilômetros: florestas em chamas.
Havas

Gustave Hervé[21] defendia, em Saint-Étienne, nove ferreiros de Firminy. Eles se livraram pagando uma multa, com o benefício da suspensão da pena.
Desp. part.

590
No Bulevar Carnot, em Vésinet, um automóvel atacou um rebanho de carneiros a toda velocidade. Três morreram.

---

[21] Gustave Hervé foi um político socialista francês que, até 1912, defendeu ideias antimilitaristas e anticolonialistas.

Provost e o surdo-mudo Tal,
cuja prisão em Versalhes relatamos, somados
têm 44 anos e 32 condenações.

O Sr. Jules Kerzerho presidia uma sociedade de
ginástica e, no entanto, deixou-se esmagar
ao saltar em um bonde em Rueil.

Um contador de 65 anos, Sr. Leclerc, estando
desempregado, praticamente não comia. Morreu de
inanição, nas pedreiras Gauvin.

Tomando ao pé da letra seu documento de estado civil,
a Srta. Carrasco[22] tentou executar Henri Bomborger.
Este sobreviveu às três facadas de sua amada.

Pessoas mal-intencionadas, demonstrou a investigação,
foram as responsáveis pelos incêndios nas Landes.
Florestas estão em chamas em Saboia e em Charente.
Desp. part.

O *Terrible*, da guarda costeira,
testava suas forças em Toulon.
O servomotor saiu danificado.
Havas

Trinta e cinco canhoneiros de Brest que,
sob o império de funestas linguiças, secretavam
pelo corpo todo, foram medicados ontem.
Desp. part.

---

[22] Em francês, "Bourreau".

Mulheres assassinadas: Sras. Gouriau, Josserand, Thiry, de 24, 69 e 72 anos, em Coatméal, Saint-Maurice, Sorbey (Finisterra, Loire, Meuse).
Desp. part.

Quarenta jornalistas italianos desembarcaram em Marselha, convidados. Victor Hugo foi citado: "Você dirá: Itália! Eu responderei: França!"
Desp. part.

600
O tribunal de Toul infligiu um ano de prisão aos André, de Thiaucourt, que sequestraram e martirizaram seus filhos.
Desp. part.

O espião Tourdias adornava-se com uma fita vermelha[23] ilícita: dois meses de cadeia (tribunal de Remiremont) como punição.
Desp. part.

Não foram as linguiças, mas o calor, o culpado pela diarreia dos canhoneiros de Brest, decidiu seu médico-major.
Por telefone

Estrito mantenedor do regulamento do Sr. Pelletan sobre o cartão de ponto, um chefe de oficina foi vaiado no arsenal de Toulon.
Desp. part.

---

[23] A fita vermelha é a insígnia tradicional da Legião de Honra.

Seis agricultores de Argenteuil e de Sannois, que
tinham o hábito de conquistar donzelas com
o revólver nas mãos, foram detidos.

O Sr. Dickson, de Choisy-le-Roi, errava sobre seu
próprio telhado. Ladrão! Três policiais subiram
e o sonâmbulo caiu de costas.

O caçador clandestino Dusausoy, de Ivry,
"presenteado" à polícia pelo ambulante Chérot,
enfiou uma lima nas costas do delator.

Os proprietários de lavanderias franceses
recepcionavam ontem, na Gare du Nord,
os seus ilustres iguais londrinos.

Duas pedras de cantaria sobrepesavam o cadáver,
retirado da água na velha Saint-Ouen,
de um quadragenário desconhecido.

Um proprietário dos arredores de Marcols (Ardèche)
recusava dia desses 12000 francos pelos pinhos de
sua floresta. Ela acaba de incendiar-se.
Havas

610
Enciumado por nada, o pequeno empresário
serralheiro Marius Guida, de La Seyne, matou sua
mulher (25 anos) a golpes de foice.
Desp. part.

Quando o desatinado escultor Bombarès, que devia ter
descido em Champigny, saltava de seu trem já em
movimento, um outro o esmagou.

Samson foi esmagado por um bloco de fosfato,
em Aubervilliers, numa fábrica de produtos
químicos onde era empregado.

Foucher, Moulet, Moerdilet e Klepsy foram capturados,
em Saint-Denis, no telhado de uma casa onde
realizavam um roubo.

Maxime Leroy e Arsène Méret foram detidos
num café de Saint-Mandé, onde, armados,
tiranizavam os bebedores.

Tendo bebido muitas garrafas, Léonard Vergnies,
de Crépy-en-Valois, matou-se
jogando-se pela janela.
Carta part.

O exame médico de um rapazote encontrado
num fosso do subúrbio de Niort mostra que não
apenas da morte ele teve que sofrer.
Carta part.

Com seus falsos recibos para o álcool, B..., da região
de Lyon, ganhava com que agradar sua amiga.
Prenderam-no por esses 100000 francos.
Desp. part.

Irritadas por um duro regime, as mulheres sem
virtude enclausuradas e tratadas na casa
de repouso de Nancy saquearam-na.
Desp. part.

Uma máquina de debulhar abocanhou a Sra. Peccavi, de Mercy-le-Haut (M.-et-M.). Desmontaram aquela para soltar esta. Morta.
Desp. part.

620
400 clérigos receberam, na Gare de Moutlins, Monsenhor Lobbedey, seu novo bispo. Cinco foram detidos em pleno furor sagrado.
Desp. part.

Duas italianas ultrajavam-se em Thil (M.-et.-M.). Os maridos comoveram-se. Um matou o outro e o casal cruzou a fronteira.
Desp. part.

Bom boxeador, o engenheiro Wm. Burckley, chegando da Suíça, capturou o andarilho Lenormand, que lhe provocara no Bosque.

Justo no *cochonnet*[24] a apoplexia abateu o Sr. André, 75 anos, de Levallois. A bola rolava ainda enquanto ele já tinha partido.

No Trianon, um visitante despiu-se e deitou-se no leito imperial. Contesta-se que ele seja, conforme diz, Napoleão IV.

Em Charenton, seis alunos de natação tritonavam no rio Marne quando seu professor, Renard se jogou ele próprio na água: afogou-se.

---

[24] Na petanca, jogo típico francês, o objetivo é lançar a bola o mais próximo possível do *cochonnet*.

Conaud, da polícia de Courbevoie, deteve bravamente o impetuoso cavalo de um carro de serviços. Machucou-se todo.

Voltando para casa, na floresta de Saint-Germain, Vénart encontrou sua mobília em mil pedaços. Trata-se de guarda execrado pelos caçadores clandestinos.

O grão-duque Alexis, em Paris agora, estava em Nancy ontem. Como ali vivem russos, alvoroçava-se a polícia.
Desp. part.

O pequeno Boeuf, de Arcs (Var), tendo atirado um cartucho Lebel no fogo de um barril de destilação, foi morto pela cápsula.
Desp. part.

630
Prisão de Nancy: Melot, condenado a trabalhos forçados perpétuos, embebeu-se de petróleo e botou fogo. Suas queimaduras são graves.
Desp. part.

Ao pular uma cerca com fosso, no polígono do Mans, o cavalo de Herbinière caiu de mau jeito e, emborcando, nocauteou-lhe com um coice.
Desp. part.

Uma sentinela atirou sem sucesso contra algumas pessoas – espiões, acredita-se – que queriam, acredita ela, entrar no arsenal de Verdun.
Desp. part.

No hospital das Crianças Doentes,
o pedreiro Armand Montendron, 20 anos,
matou-se ao cair de um andaime.

O contador Auguste Bailly, de Bolonha,
fraturou o crânio ao cair de
um trapézio voador.

Em pé na soleira, a modista Rudlot, de Malakoff,
proseava com seu vizinho. A golpes de barra de ferro,
o selvagem marido a fez calar-se.

Lançado por um automóvel (placa?) para debaixo de
seu carro de feno, Bouvier, de Bolbec, evitou as rodas,
mas há de lembrar-se do atropelamento.
Carta part.

Certo mecânico-chefe do 26º Regimento de Artilharia,
em Mans, posto nas chaves por roubar bronze, tenta
suicidar-se. Vigiam-no.
Desp. part.

O chefe da grande velocidade[25], em Abbeville,
Sr. D..., está morrendo de duas balas de revólver
que atirou contra si mesmo.
Havas

Durécu e Cosoas, sem que se saiba por quê,
apunhalaram, numa rua do Havre,
Gaston Provost.
Desp. part.

---

[25] Chefe de velocidade é o profissional responsável pela agilidade na produção fabril.

640
Uma vez desacordado, Bonnafoux, de Jonquières
(Vaucluse), foi posto num trilho,
onde um trem o esmigalhou.
Desp. part.

Todas as autoridades em torno de seu leito,
em Rochefort, foi reconfortado com a medalha militar
um dos queimados do *Davoust*, Sausseau.
Havas

"Cuidaremos do seu caso!", teriam dito a Guyot
de Toul, nas eleições. Foi então a política
que o afogou no canal?
Carta part.

O alpinista Preiswesk claudicou, recompôs-se,
por fim despencou aos trancos: queda mortal
que foi vista de Chamonix.
Havas

A Sra. Jousserand, de Chambon-Feugerolles, reconheceu
como seu assassino o ferroviário Fayard que
a polícia lhe apresentava.
Desp. part.

De uma só vez, a Sra. Matignon, de Mérignac,
perto de Bordeaux, pôs no mundo três filhas.
Todas as quatro passam bem.
Desp. part.

O insolente soldado Aristide Catel, do 151º Regimento, macaqueava os gestos do graduado Rochesani. O Conselho de Châlons o prende por dois anos!
Carta part.

Por ter bebido um frasco de vitríolo, Marcel Portamène, de Saint-Maur, morre aos 3 anos; seus pais passeavam no jardim.

Em Noiseau, perto de Corbeil, pessoas que saíram sem serem vistas quebraram três caixas de ofertas na igreja.

Estimulados por seu embornal de cobrador de bonde, seis tímidos vagabundos de Courbevoie assaltaram o Sr. Valtat, que capturou um deles.

650
Três anos, eis a idade de Odette Hautoy, de Roissy. Não obstante, L. Marc, que tem 30, não achou que ela fosse jovem demais.

Amiens estava sem selos. Bagnères-de-Bigorre já os tem, mas, por outro lado, está severamente privada de charutos *Favoritos* e *Ninas*.
Carta part.

O *Vénus* esmagou contra o paredão de La Pallice-Rochelle uma baleeira de pilotagem que quatro homens montavam.
Havas

Uma bela de Angers, Eugénie Grosbois, 25 anos,
foi estrangulada em sua cama ocasional
por um desconhecido. *Havas*

Jamais se havia feito tanto barulho na casa dos
Picco, de Gentilly. Por fim, um golpe de estilete da
esposa botou morto o marido.

Graças a um procurador belga, foi detido em Vagney
(Vosges) o abortista Félicie De Doncker, que se distinguiu
em coibir a fecundidade das grávidas de Brabante.
Desp. part.

A panela emborcando sobre o fogão, a cera que
aí estava em fusão queimou profundamente
o Sr. Adolphe Marquet, de Courbevoie.

Um cadáver carbonizado, tal o aspecto da Sra.
Desméat, de Alfortville, vítima de uma lâmpada
a petróleo. Ela, entretanto, respira ainda.

Todo o chumbo destinado pelo Sr. Pregnart às
perdizes de Alluets-le-Roi foi seu amigo Claret
quem o recebeu, e bem nas ancas.

Vendaval na costa provençal: perturba
a navegação e atiça o incêndio das florestas
de Collobrières e Pierrefeu.
Desp. part.

660

Exibição equestre[26] no casamento de um rico nativo de La Fayette (Constantine). Um dos tiros matou logo a irmã, de 7 anos, da recém-casada.
Desp. part.

O recrutamento deixa louco Berlin, do 22º Regimento de artilharia, em Versalhes: ele se desnuda diante de santo Antônio e se diz seu porco.

Por brincadeira, Justin Barbier disparava tiros de revólver ao léu, em Stains. O telhador Jules Courbier recebeu um deles.

Bem bêbado, Langon, de Sceaux, encontrou sua mulher e, como ela se fazia arisca, martelou-lhe o crânio a golpes de chaves.

Ém. Girard recebeu uma chaminé na cabeça, em Saint-Maur. Em Montreuil, R. Taillerot, que retirava água, afogou-se em sua cisterna.

Nascida em 21 de janeiro de 1807, Claudine Bonjour morre, viúva Digonnet, em Villeurbanne.
Trinta netos alegravam sua velhice.
Desp. part.

O Sr. Jégou du Laz, de Cleden (Finisterra), arrebentou polegar, indicador, coxa. Era a estreia desse caçador e sua espingarda.
Havas

---

[26] Exibições equestres eram comuns em festas árabes; consistiam em correr com cavalos a toda a velocidade, gritando e descarregando as armas.

Um tabelião de Nancy entregou 30000 francos (herança) a Reider. Pessoas que encontrou numa pândega lhos privaram uma hora depois.
Desp. part.

Em Boulou (Pyr.-Or.), militares graduados espanhóis injuriaram um turista francês culpado por esta pichação: "Viva a Catalunha!"
Desp. part.

Espectadora de determinado episódio médico das manobras, Laffont, de Brest, injuriou o oficial Durmelot. Ele a levou à justiça.
Desp. part.

670
Mordido por seu cavalo, em Joinville, o cocheiro Colignon desmaiou. Foi então que o veículo lhe esmigalhou as pernas.

Em Châlons, dez anos de trabalhos forçados e a degradação para Désiré Lupette, assaltante do capitão Mathieu, do qual era ordenança.
Desp. part.

Um boi furioso arrastava pelas correias, rumo a Poissy, o caubói Bouyoux. Partiu-se a corda. E então o boi apeou o ciclista Gervet.

Ratos roíam as partes salientes do trapeiro Mauser (em francês, Ratier[27]) quando descobriram seu cadáver em Saint-Ouen.

Tendo liquidado o afixador de cartazes Achille, puxaram-no por toda a extensão da passarela de Alfortville, depois precipitaram-no.

3 focas, 82 macacos, 20 papagaios, 15 gatos, 32 cachorros, 63 amestradores e seus 10 veículos foram repelidos de Versalhes para Saint-Cyr.

Ávidos por indulgência, assaltantes fizeram a limpa numa loja de objetos piedosos, na peregrinação de Clichy-sous-Bois.

Habitantes de Boulogne praticamente lincharam o estivador Berneux. Seu crime? "Abaixo o exército!" ao passar um destacamento.

Após autópsia, o bispo, não identificado, encontrado ontem na praça de Aïn-el-Turk (Oran), foi sepultado com a pompa episcopal.

Havas

O zincador Billiard, de Saint-Germain, pai de cinco filhos, enforcou-se no gancho de sua lâmpada. Uma das filhas retornou: ele estava frio.

---

[27] "Rateiro" em português.

680

Entre Deuil e Épinay roubaram 1840 metros de fios
telefônicos. Em Carrières-sur-Seine, o Sr. Bresnu
enforcou-se com um arame.

A Sra. Lesbos foi esmagada por um carro
de turistas atrelado a seis cavalos. Isto
em Versalhes.

Apunhalado e aniquilado, Remailli, de Meskiana
(Constantine), sofreu uma mutilação que deixa claro
o caráter passional do assassinato.
Desp. part.

Láudano em demasia somente rendeu umas cólicas
ao arquiteto Godefoin, de Boulogne. Isto é -
iria afogar-se. Mas resgataram-no.

Um desconhecido pintava de ocre os muros
do cemitério de Pantin; Dujardin errava nu por
Saint-Ouen-l'Aumône. Loucos, parece.

Detentor de uma carta suspeita vinda de
Estrasburgo, o cavaleiro Jeannet (9º Regimento
dos dragões, Luneville), espião talvez, foi detido.
Desp. part.

A juventude católica de P.-de-C. congrega-se, em
Béthume, hoje. 100 guardas impedirão
que passeie em bloco.
Desp. part.

18 meses de prisão (sem condicional)
punem Colombier, motorista do lionês Robatel,
por ter passado de automóvel sobre o Sr. Pédenne.
Desp. part.

Um passo em falso, no crepúsculo, sobre a passarela
do córrego de Moulin, em Dontilly (S.-et.-M.),
e a Sra. Nourry se afogou.
Carta part.

O lacaio Silot instalou, em Neuilly, na casa do
patrão ausente, uma mulher para diversão, depois
desapareceu, carregando tudo, menos ela.

690
O abade Cassan, pároco de Faugères, pedia que o
pusessem em liberdade provisória sob caução.
O ministério público de Biterre decidiu que não.
Havas

Está quase acabada a greve do tonel
na Gironda. A do cofre-forte de Bazancourt
(Marne) começa.
Havas

Sempre incógnita e de automóvel,
a rainha-herdeira da Itália deixou
Aix-en-Savoie ontem à tarde.
Havas

Caiu em Dunquerque, no bairro das ruas quentes,
uma chuva de rãs, apanhadas nos lagos
belgas pela tempestade.
Carta part.

Já não há Deus nem mesmo para os beberrões:
Kersilie, de Saint-Germain, que tomara
a janela pela porta, morreu.

Dia de doces emoções em Saint-Maurice: pela manhã,
coroação da virtuosa donzela (Calot); à tarde,
pescaria (concurso) no canal.

Com um gancho, uma lavadeira de Bougival fisgou
um pacote: uma menina recém-nascida e perfeita
que seguia o fluxo da água.

Os oito fios telefônicos do forte de Champigny
foram cortados na surdina numa extensão
de mil e setecentos metros.

Ciumento como um tigre, o contador Varlot,
de Ivry, quase matou a Sra. Varlot, pois que ela
recebia alguém na intimidade.

Louis Picot, filho do secretário perpétuo
da Academia de ciências morais etc., esfolou-se
todo ao cair de bicicleta.

700
Pouliet e Carle rodavam de bicicleta conjugada rumo
a Vanves. Do automóvel que os atingiu, muito feridos,
não conseguiram ler o número da placa.

De cotim cinza e boné na cabeça, Béthencourt,
13 anos, partiu de bicicleta de Chatou rumo
a Bezons, dia 20. Ainda não chegou.

Na ponte de Charenton, a viúva Sra. Guillaume
e seu concubino discutiam. Ele a derrubou
com uma barra e a pisoteou.

Alguns moedeiros, de moedas de 10 e 20 soldos, foram
detidos em Nancy. Três dos quais tinham
em casa lingotes e moldes.
Desp. part.

A guarda de Neufchâteau procura alguém
(um alemão, acredita) que rondava
em torno das obras militares.
Desp. part.

O 392, direção Cherburgo-Caen, parou; o mecânico
soltou do limpa-trilhos o cadáver de Thiébault,
2 anos, e o entregou à mãe.
Desp. part.

Guichard, de Villers-sous-Preny (M.-et.-M.), estava
caçando e lavrando. Seus cavalos pisaram
na espingarda. Veio o disparo, mortal.
Desp. part.

Corridas de Khenchela, um jóquei cabila fez capotar
(fratura do crânio) o jóquei Rouvier,
para indignação dos albornozes esportivos.
Desp. part.

A Sra. S..., de Jaulnay (Vienne), acusa seu pai
de ter-lhe corrompido as três filhas.
O velho está indignado.
Havas

O Sr. Mamelle[28] representará o Ministério da
Agricultura, em 30 de setembro, junto aos laureados
da exposição de Angers.
Desp. part.

710
Uma menina, morena, rechonchuda, cabelos trançados,
vestida e calçada em linho cru, com medalhas de
santos no pescoço, foi recolhida da água em Suresnes.

O Sr. Groin, lavrador em Montesson,
incuravelmente doente, enforcou-se
em sua granja aos 39 anos.

Por ter sido atingido pelo motociclista
Vasseur, o lavrador Louis Havart, de Nesle,
perdeu a memória.

Na rua Myrrha, o reparador de aquecedores Guinet
atirava a esmo nos passantes. Um desconhecido
plantou-lhe um estilete nas costas.

Luvas cinza-pérola e vestido de preto o Sr. Loubet[29],
e vestida de cinza a Sra. Loubet, partiram ontem,
às 6h05, de Toulon para Montélimar.
Desp. part.

Tão apressado para juntar-se ao pai, Pierre Colmar,
5 anos, de Ivry, largou sua mamãe e quis atravessar
a rua. Um bonde o esmagou.

---

[28] Como nome comum, o úbere, a mama da vaca.
[29] Émile Loubet (1838-1929) foi presidente da França de 1899 a 1906.

De um matagal, à 1 hora da madrugada, partiram dois tiros. O ex-ladrilhador J. Fouquier, 70 anos, de Perreux, foi ferido no braço e no torso.

Há gente que tem paixão pelos fios telefônicos. Levaram mais 900 metros em Gargan e 1500 entre Épinay e Argenteuil.

Escoltada por crianças, rondava por Avignon uma máquina de sorvete. Ela capotou, esmagando Germaine Pouget, de 5 anos.
Desp. part.

O trem Verdun-Sedan passou atropelando Drunaux, de Vilosnes, que, na via férrea, corria atrás de sua vaca.
Desp. part.

720
Perto de Ouanne (Yonne), o Sr. Gaston de Nervelee e o militar belga Wolfgang de Ursel acabaram machucados. Acidente de automóvel.
Havas

Na garagem das máquinas de Claret, a oeste de Toulon, duas locomotivas destruíram-se entre si. Nenhuma pessoa ferida.
Desp. part.

13 anos, despedido terça-feira por seu patrão, Godillot, de Bagnolet, não se atreve a aparecer em casa. Volta, menino: estão te esperando.

O mendigo septuagenário Verniot, de Clichy, morreu
de fome. Seu colchão de palha encobria 2000 francos.
Mas é melhor não generalizar.

Adrien Astier, 11 anos, caiu de vários
metros na lareira de uma chaminé que limpava,
em Choisy-le-Roi. Hospital Cochin.

Na estação de Clamart, o torneiro mecânico Maurice
Planchon foi atropelado por um trem.
É bastante grave seu estado.

Destin, 20 anos, antes de ceder aos policiais de
Aubervilliers, lançou num deles, Lagarof,
um ferro de passar bem na cara.

"Morrer à Joana d'Arc!", dizia Terbaud, do alto de uma
fogueira feita com seus móveis. Os bombeiros de
Saint-Ouen o impediram.

Barcantier, de Kremlin, que se havia jogado na água,
tentou em vão estrangular, ajudado por seu cão
dinamarquês, um inoportuno que o resgatava.

Ferreiros de Malakoff rivais no amor.
Dupuis lançou o martelo em Pierrot que, por sua vez,
lavrou-lhe a cara com ferro quente.

730
Em cima duma carreta de canhão, o féretro do general
Rollet foi conduzido por seis mulas à estação de
Brest, de onde foi expedido a Verneuil-s.-Seine.
Desp. part.

Pregando uma peça nos unificados[30] que boicotam o banquete de Draguignan, o Conselho Municipal socialista de Toulon convida o Sr. Clemenceau.

Desp. part.

Sob a tenda, perto de Ain-Fakroun, uma árabe de 6 anos foi carbonizada por um raio, ao lado da mãe, que com isso ficou louca.

Desp. part.

Satagnan, vindimador, declara: "Acertei o vindimador de Ay com uma faca de 22 vinténs. Bat' D'Af e Cyrano são inocentes."

Havas

Não enforcaram a jovem russa Lise Joukovsky, ela mesma enforcou-se, e a Procuradoria de Rambouillet permite que a inumem.

Perronet, de Nancy, escapou de uma boa. Voltava para casa. Saltando pela janela, seu pai, Arsène, veio espatifar-se a seus pés.

Desp. part.

Em Agen, após a partida do Sr. Fallières, alguns bois foram para cima da multidão. Vítimas: dois homens de 80 e 56 anos, uma garota de 9.

Havas

---

[30] As diversas tendências socialistas francesas unificaram-se no ano de 1905, logo após o Congresso da Internacional Socialista (Amsterdã, 1904). O político Georges Clemenceau (1841-1929), radical-socialista da Terceira República, foi senador de Draguignan.

Tomado ele próprio por um ladrão, o guarda de
vinha Joseph Bardou, de Ustou (Ariège),
levou no torso um tiro de espingarda.
Desp. part.

O Ministério Público de Toulouse procura saber
(carta rogatória) se a sua bizarra niilista esteve
mesmo de passagem por Marselha.
Desp. part.

Escavando a terra ao pé de uma árvore do Bosque
de Boulogne, um cão trouxe à superfície o cadáver
de um garoto recém-nascido.

740
Um Saint-Germain-des-Prés-Clamart abalroou, por
volta de meia-noite, na rua de Rennes, um Malakoff,
que pegou fogo. Vários passageiros feridos.

Fugindo da caserna de Saint-Cloud,
o guarda Delhumeau foi suicidar-se
no território de Belfort.

"Quero telegrafar a Ravachol!", gritava Nini Colonne,
de Pantin. Prenderam-na como louca,
sendo notória a morte do companheiro.

Um empregado da Ouest, J.-M. Legendre, 50 anos,
teve o ombro e uma parte do tórax esmagados
na estação de Mureaux.

Gente bebendo, em Houilles, e passando de mão em mão
uma pistola supostamente vazia. Lagrange
puxou o gatilho. Não se levantou mais.

Acidente de automóvel em Houilles. Os Srs. J. Dubois
e G. Bernard ficaram feridos; os Srs. Cappiello
(não Lionetto) e Février também, mas pouco.

Este ano, os vindimadores estão um tanto belicosos.
Um deles, em Romanée, acaba de matar
mais outro, Cordonnier.
Havas

A Srta. Clara Peyron, 65 anos, foi degolada
em Hyères. O assassino não teve outro impulso
senão a concupiscência.
Desp. part.

Vinda de Deux-Sèvres, a febre aftosa faz sucesso
nos arredores de Cholet; mas a administração
aplica-se em contrariá-la.
Havas

Azar! Mentré, de Longwy, que nos havia ele mesmo
revelado ter ganho os 250000 francos (loteria dos
tuberculosos), teria sido enganado.
Desp. part.

750
De um andaime da torre de Saint-Jacques, duas vigas
– o vento, às 9h15 da noite, soprava forte
– caíram na rua de Rivoli.

O andante Bors, todo ensanguentado, estava
na estrada, perto de Achères. Acabara de ter com a
matraca de seu amigo Bonin.

Bloqueado entre sua carroça e um muro, o cocheiro
entregador Nézé, de Argenteuil, teve as carnes do
braço direito arrancadas até o osso.

O único sobrevivente do *Coat-Coal*, Texier, conta
(Lorient) que, na noite escura, estiveram a prosear
por uma hora em meio aos destroços da embarcação.
Havas

Um proprietário de Gabarret (Landes), Capes,
foi assassinado em sua casa. Não parece que
o tenham matado para roubá-lo.
Desp. part.

Acordado pela sineta do galinheiro,
o feroz Dumont, de Briche, atirou.
Os gatunos deixaram um rastro de sangue.

O vaqueiro Le Maître foi esmagado,
em Tertre-Saint-Denis, por sua forrageira,
e o carroceiro Fourney, em Lilas, por um bonde.

A jovem Establet, de Joinville, perto de
Blida, 18 anos, com duas balas na barriga,
puniu o Sr. Lesteneaux por sua falação.
Desp. part.

Como fumar? Após os de cachimbo em Saint-Claude,
eis em greve os proletários do papel
para cigarro em Saint-Girons.
Desp. part.

Porque forjavam moedas, os Patry, de Toulon,
estão atrás das grades. Encontraram em sua casa
lingotes de uma engenhosa liga.
Desp. part.

760
Para suas necromancias, as bruxas árabes
de Chellala, na surdina, desenterraram uma criança
de dez dias morta há seis meses.
Desp. part.

Napoleão, camponês de Saint-Nabord (Vosges),
bebeu um litro de álcool: tudo bem, mas dentro botara
fósforo: donde sua morte.
Desp. part.

Acendido por seu filho, de 5 anos, um foguete
sinalizador de trem explodiu sob as saias da Sra.
Roger, em Clichy: o estrago foi considerável.

Em Bordeaux, o Sr. Fallières mandou chamar
o mecânico do trem que o havia trazido e, magnânimo,
apertou-lhe a mão.
Havas

Entre Paris e Arpajon, personalidades
sem mandato cortaram dez quilômetros
e três quartos de fios telefônicos.

Uma jovem mulher se jogou no Sena, na ponte
Saint-Cloud. Lamentou ter sido resgatada
e escondeu seu nome.

As caixas de ofertas da igreja de Vesinet, tão bela
com as pinturas de Maurice Denis, foram esvaziadas
ontem, mas não pelos devidos senhores.

Roger bebia aos jorros, num banco, em Stains.
Um passante toma-lhe a garrafa, bebe e, como o outro
resmunga, quebra-a em sua cabeça.

No seio maternal, A. Meyer, 4 anos, foi morto,
em Villiers-sur-Marne, por uma bala do revólver
que Henri Martin limpava.

Aguardente, acreditava. Bem: era fenol.
Por isso Philibert Faroux, de Noroy (Oise),
sobreviveu apenas a duas horas de farra.

770
Em Boucicaut, onde era enfermeiro,
Lechat dispunha de tóxicos letais.
Preferiu asfixiar-se.

O relojoeiro Paul S... foi assassinado no bosque
de Vincennes, disseram as gazetas.
Negativo. Tomou nitrato de prata.

A respeito do diamante azul, o juiz de instrução
Leray, de Brest, ouviu o mordomo,
a camareira e o barbeiro.
Desp. part.

Maltratado pelo amor, o guarda Léonce-Paul
Isnard enforcou-se na cozinha da caserna
de Draguignan.
Desp. part.

Tão horrendos monstros e dermatoses eflorescentes,
um "museu Dupuytren"[31] de feira flamejou
no parque de Saint-Cloud.

Sigismond Martin, de Clayes, adormece num campo.
Seus camaradas vêm acordá-lo. Impossível,
estava morto.

Uma jovem mulher em putrefação foi retirada
da água em Choisy-le-Roi. Anéis de diamantes ornavam
seu anelar esquerdo.

Poincet, de Montgeron, caiu sob sua carroça de
dejetos, a cabeça escorando uma roda,
as pernas outra. Em trepanação.

Um caçador de Tessancourt forçou sua mulher e o
dito-cujo a esperarem no leito adúltero (três horas)
pelo flagrante do guarda.

Bosque de Noisiel, jazia em duas partes, sob o olmo
onde se enforcara, Litzenberger, 70 anos,
com a cabeça descarnada pelas gralhas.

780
A Sra. Fournier, o Sr. Vouin, o Sr. Septueuil,
de Sucy, Tripleval, Septeuil, enforcaram-se:
neurastenia, câncer, desemprego.

---

[31] Conhecido museu de anatomia patológica, fundado em 1835 pelo professor Guillaume Dupuytren.

Em pé, sem ferimento aparente, Gédéon Aveline, de
Arcueil, sobre quem acabava de passar o carro
da leiteira Pédallier, morreu.

Um dos nove filhos que Gros, de Bobigny, havia
abandonado com a mãe, alvejou-o com balas,
uma delas feriu-lhe o joelho.

A jovem Martin e o Sr. Rougon não terão
posteridade. Um trem os esmagou em Clamart.
Deviam casar-se logo em breve.

Mignon, de Bagnolet, admoestado pelo
rígido Barot, seu zelador, levou-o
a calar-se com duas facadas.

Não é pela janela que se entra à noite na casa
de Yolande de Montaley, Meudon: pois ela gritou,
e só levaram o mealheiro.

A louca Brugnet, de Asnières, joga na água Petit,
que lhe estende uma vara: resgatados vivos;
mas em Alfortville, Kovopodski afoga-se.

Como o processo de divórcio não andava
e seu marido tinha apenas 70 anos, a Sra. Hennebert,
de Saint-Martin-Chennetron, o matou.

O Sr. Lister[32] chegou a Marselha, desprovido, graças
a um batedor de carteiras, de seu passaporte de
correio real de Londres para Salônica.

Havas

---

[32] Joseph Lister (1827-1912) foi um cirurgião e pesquisador britânico, pioneiro no uso de antissépticos.

A ação sindical casa-se com a parlamentar?, pergunta-se o Congresso de Amiens. Sim, diz Keufer; não, diz Broutchoux[33].

Desp. part.

790

O velho bêbado Barnier, de Chatelus-Saint-Marcellin (Loire), estripou seu filho Jean-Marie, pai de duas crianças.

Havas

A motocicleta esmagou mesmo o cão de guarda, na descida de Mesnil-le-Roi; mas o motociclista, Grand, feriu-se na cabeça e nos membros.

Dois cavalos corriam em Versalhes. O sargento Michaud, do 27º Regimento dos dragões, quis detê-los. Fraturou o crânio.

Os trens esmagaram, em Clayes e em Briche, Buzard e Avel; ao menos foi o amor o que botou este último sobre os trilhos.

A parteira Savatier, de Charenton, que se poderia imaginar encouraçada, morreu apavorada porque um caminhão passou perto de atropelá-la.

---

[33] Em 1906, tem lugar em Amiens o "Congresso da Confederação Geral do Trabalho" (CGT), ocasião em que Auguste Keufer votará pela "Carta de Amiens", considerada apenas reformista pelos mais radicais ativistas sindicalistas.

Ontem de novo os delegados dos operários
do arsenal de Brest desferiram uma ordem do dia
sobre seu prefeito e seu ministro.
Desp. part.

Dois trens abalroaram-se em Breteville-Norrey
(Calvados). Donde um fogo que destruiu alguns
vagões e que a chuva apagou.
Desp. part.

Vejam só! Nem o duque nem nada que o represente,
dizia-se nas exéquias de Riehl, atropeladas em Nancy
pelo automóvel do duque de Montpensier.
Desp. part.

Em Bordeaux, no mundo das enrascadas,
o antagonismo entre partidários e adversários
do descanso por turnos é aguerrido.
Desp. part.

Quatro vezes em oito dias a trabalhadora rural
Marie Choland botou fogo na casa do agricultor.
Agora incendiará a prisão de Montluçon.
Havas

800
Em Bordeaux, o pão não será outra vez mais tingido
de sangue; a passagem dos entregadores motivou
apenas uma pequena peleja.
Havas

Obstinadamente incógnita e de automóvel,
a rainha-mãe da Itália, vinda de Dijon pela manhã,
ouviu missa em Beaune e já foi para Aix.
Havas

Acreditava-se que o trabalho retornaria
hoje nas metalúrgicas de Pamiers.
Ilusão.
Desp. part.

"Se receberem ordem de mobilização, insurreição!",
repetiu o Sr. Gustave Hervé numa conferência
em Pauillac.
Havas

O Sr. Pierre de Condé foi detido em Craches
por estupro. Alcide Lenoux, que esteve na sessão,
fugiu. Tais faunos têm 16 e 18 anos.

As jovens Wimerlin, de Saint-Denis, têm 12 e 14 anos.
O delegado Souliard enviou à guarnição o pai delas,
por ele as ter iniciado.

Conforme convém, pelo Sr. Mamelle é que
o Congresso da indústria da maçã
foi presidido em Laval.
Desp. part.

Archer e Grifaut, de Nanterre, detinham
15 kg de fios. O que não impedia telegrafar.
Prenderam-nos assim mesmo.

Queda na venda de artigos religiosos.
A Sra. Guesdon, de Caen, tinha uma loja deles.
Com as investidas do oficial, suicidou-se.
Desp. part.

Joseph Bey, de Saint-André-de-Roquepertuis
(Gard), desapareceu: mas primeiro havia quase matado
seu irmão Louis, de 20 anos.
Desp. part.

810
Desgarrada de um trem, uma composição de 32 vagões
escapava de Cuers rumo a Toulon. Cinco,
que descarrilaram, reduziram-se a migalhas.
Desp. part.

Ajudado por Hoffat, Lauber abateu, em Belfort,
Catherine Grienenberger, que se julgava
livre dele pelo divórcio.
Desp. part.

Em Avignon, o ex-policial Anton, que, dizem,
havia envenenado suas balas, atirou sem sucesso
contra o delegado Chabrié.
Desp. part.

Mesmo sua mãe tendo devolvido ao Estado os 800
francos de que ele se apropriara, o contramestre
Martin cumprirá, em Brest, dois anos de prisão.
Desp. part.

Quarenta e cinco errantes foram detidos,
na noite de anteontem, nos bairros
Champs-Élysées e Europe.

Com nomes sempre mudados, uma jovem mulher
emprega-se como doméstica e logo some, abonada.
Ganhos: 25000 francos. Nunca é pega.

Costel brindava. Piquet, Bilon, Nibot escapuliram
com sua charrete. Liquidaram o cavalo, beberam e,
em Clichy, foram enjaulados.

Das quatro balas disparados pela Sra. Denis,
de Issy-les-Moulineaux, duas atingiram o alvo: seu
marido, cocheiro, que, parece, enfeitara-lhe a testa.

Libertaram e expulsaram Otto Artbauer,
recentemente detido em Constantine por ter sido
curioso demais em Oran.

Havas

O ex-prefeito de Cherburgo, Gosse, estava
à mercê de um barbeiro, quando gritou e morreu,
sem que nada lhe fizesse a navalha.

Desp. part.

820
75000 kg de romãs sofrem no cais de Cerbère,
enquanto gesticulam pelas ruas
300 carregadoras em greve.

Havas

Anunciávamos ontem uma nova ruptura entre
os metalúrgicos de Pamiers e seus patrões.
Esta manhã farão as pazes.

Havas

Os estivadores de Dunquerque desertaram do *San-Martin*: o minério de ferro queima-lhes pés e olhos e lhes faz sangrar o nariz.
Havas

700 francos e o título de donzela de Puteaux afirmam a virtude da coleteira Françoise Vigneron, rua dos Hors-Bouts, nº 15.

No asilo de Ville-Évrard, a sapataria e o galinheiro foram pilhados, acredita-se, por ex-pensionistas do asilo.

Em Saint-Saulve (Nord), o Sr. Dutortoir, professor primário, sua mãe e sua irmã afogaram-se no rio Escaut, e foi de propósito.
Desp. part.

Em Clamart, o prefeito lançou a pedra fundamental de um grupo escolar e adornou com roseta violeta ou com palma algumas botoeiras.

Do paquete *Algérie*, Mohammed, comerciante argelino cujos negócios corriam perigo, lançou-se ao mar.
Desp. part.

Um cantor de café-concerto, Victor Lépine, matou-se em Toulouse, porque a cantora Arlette d'Ermont não o queria mais.

Rose, de Saint-Pierre-de-Varangeville
(S.-I.), matou a facadas sua amante,
Lucie Martin. Enciumada.

Havas

830
Fanois viu Marguerite Blond sair de um baile
em Puteaux nos braços de Pourlet. Tomando-se
por traído, feriu-a com uma bala.

Vagabundos se estapeavam em Vanves. A polícia veio,
sumiram todos, inclusive dois feridos; o terceiro,
Bichenon, acabou jogado ao chão.

O pé preso na junção de dois trilhos como numa
armadilha, Georgeon, de Saint-Dié, esperneava;
um trem o partiu em dois.
Desp. part.

Raison[34], 10 anos, brincava com a espingarda
do abade Gigleux, de Tronville (M.-et-M.).
Pá!, e o tiro lhe arrebentou as pernas.
Desp. part.

O inspetor Chambord prescreve que Deus desapareça
das escolas. Os onze prefeitos da região
de Plabannec (Finisterra) recusam.
Desp. part.

---

[34] Como nome comum, "Razão".

O conde de Bernis, secretário do duque de
Montpensier, que guiava automóvel atropelador,
deu 500 francos à viúva Riehl, Nancy.
Desp. part.

Decapitado, pernas cortadas, ventre aberto,
assim foi encontrado num poço de Denain
o mineiro Payen, vítima de um acidente.
Havas

Uma festa no cabaré de Sevin, de Garches,
foi perturbada por uma peleja que, à saída,
enredou para troca de tiros.

Na rua dos Poissonniers, Petit e Plançon, fartos de
se esgoelarem, deram voz à pólvora. Plançon jaz no
hospital Lariboisière; Petit está foragido.

É Teton a vítima do crime de Montfermeil.
Por falta da peruca,
não o reconheciam de imediato.

840
A todo custo, o conde de Malartic queria suspender
Deus na escola de Yville (S.-L.). Prefeito,
suspenderam a ele próprio.
Havas

Onde rezar? Por uma subvenção municipal recusada
ao padre encarregado de atender Martincourt,
o Sr. De Verdun deixa interditada a igreja.
Desp. part.

A caminho dos Halles, Ach. Miltet dormia sentado.
Em Montrouge, amordaçaram-no e roubaram-lhe
dinheiro e cavalo.

A garota tossia em sua cama, a Sra. Ballier,
de Sceaux, levantou-se e, erro, administrou sal de
azedas no lugar de xarope peitoral.

Em Nogent, Rosalie David, a pobrezinha de uma
empregada de baiuca, estrangulou seu clandestino
recém-nascido e o enfiou numa mala.

Perto de Laneuville-Nancy, num ponto onde
a via passa por sobre salinas, escancarou-se um
buraco. Os trens seguem passando.
Desp. part.

A Sra. Olympe Fraisse conta que, no bosque
de Bordezac (Gard), um fauno submeteu
a maravilhosos ultrajes os seus 66 anos.
Desp. part.

Três ursos pireneus afastados
das alturas pela neve dizimam
as ovelhas do vale do Lys.
Desp. part.

O prefeito de Filain (Hte-Saône) foi suspenso
por ter, junto de calorosos devotos, recolocado
na escola uma imagem de Deus.
Havas

Aos 103 anos, morre a Sra. Arnac, de Auzon (Gard).
Casada quatro vezes, ela teve 16 filhos e amamentou
24. Sua filha mais velha tem 80 anos.
Desp. part.

850
Casados há três meses, os Audoy, de Nantes,
suicidaram-se com láudano,
arsênico e revólver.
Desp. part.

Um touro da tourada de Nîmes (5000 espectadores
na arena) plantou seus chifres na virilha
do bandarilheiro Africano.
Desp. part.

Rodin esculpiu à memória de Rollinat[35]
um baixo-relevo. Que foi inaugurado ontem
em Fresselines (Creuse), onde viveu o escritor.
Havas

As orelhas arrancadas e a cara rachada, foi
recolhido, numa calçada do Mans, Guichard, após rixa
com suboficiais do 26º Regimento de artilharia.
Desp. part.

Michel Ransch, de Nancy, cortou a garganta
da mulher e cortou a sua própria
garganta também. Um louco.
Desp. part.

---
[35] Joseph Auguste Maurice Rollinat (1846-1903), poeta francês.

Para alcançar a Argentina, cinco meninos do Havre
haviam-se acachapado no bote de um vapor.
Foram descobertos em Pauillac.
Desp. part.

O reservista Caujolle (transtornos de Fousseret)
foi libertado "por clemência". "Por justiça",
retifica a Liga dos Direitos do Homem.
Desp. part.

Documento algum, apenas uma bolsa dourada com as
iniciais A.W., mais 5 francos com o *gentleman* que um
lenhador de Vélizy descobriu, pelo cheiro, enforcado.

Com o barulho de botas dos guardas requisitados
por Rigolet du Pecq, Drouard, seu primo
e comensal, apunhalou-se de leve.

Augustine Macker, 13 anos, de Pantin, filha
de barcaceiros, resgatou viva a pequena Marçon
no canal de Ourcq.

860
Sem matá-los, um automóvel atropelou,
na avenida Sablons, Neuilly,
Edmond Hamon e Georges Despès.

Perto de Villebon, Fromond, que contava a outros
pobres sua desgraça, engolfou-se de repente num
forno de gesso em combustão.

Como os Lemoine, de Asnières, deviam alguns
aluguéis, o proprietário cortou-lhes a escada:
queda das crianças – vários metros.

Em Marne, Joinville, um carro de leiteiro,
placa arrancada e galões vazios; no banco,
um cadáver, o de um cão spaniel.

Sofre-quieto, já há um bom tempo, de seu companheiro
de oficina Boissonnet, Canet, de Saint-Cloud,
abateu-o com um ferro de solda.

A imprudente Virginie Langlois, de Argenteuil,
que atiçava petróleo com seu isqueiro, queimou
profundamente o rosto, o braço, os seios.

Um pastor quadragenário, que a amava,
matou a jovem Theule, 18 anos, de
Saint-Hilaire-de-Bethmas (Gard), e suicidou-se.
Desp. part.

Deus nas escolas do território de Belfort:
o conselho municipal de Chaix o reinstala;
o prefeito de Méziré manda pregá-lo na parede.
Havas

Tendo o padre de Labry (M.-et.-M.) repreendido dois
casados, o guarda campestre precisou mobilizar-se
para resguardá-lo dos convidados.
Desp. part.

Como tantos outros, Patoureau era o derradeiro
sobrevivente do cerco de Anvers[36]. Morre em Onzain
(L.-et.-C.) aos 98 anos e oito meses.
Desp. part.

---

[36] O cerco de Anvers durou de 15 a 23 de novembro de 1832, no contexto da revolução belga.

870

Colisão em Saint-Andiol (B.-du-R.): um automóvel e uma motocicleta. O engenheiro Mahuet, que montava esta última, morreu trinta minutos após o choque.
Desp. part.

Tartayre, de Fallières (Lot), que batia boca com sua mulher, matou-a lançando-lhe à têmpora um prato, como fosse um disco.
Carta part.

Fortemente escoltado por devotos, o prefeito de Longechenal (Isère) repôs na escola o crucifixo retirado pelo professor.
Havas

Nada nas caixas de ofertas, nada no altar nas igrejas de Bezancourt e de Boult (Marne): assaltantes passaram por lá.
Havas

Os delegados da Associação Comercial Internacional de Londres foram muito bem recebidos em Lyon. Banquetearam, discursaram, brindaram.
Havas

A bordoadas e coronhadas de fuzil – tudo isto porque era ciumento –, Jourdain, de Mézières (Sarthe), abateu Letourneux.
Desp. part.

A abertura da Mansão dos tesouros, em Crémeaux
(Loire), motivou um bate-boca entre Briéry
e o tabelião do padre de Gouttenoire.
Desp. part.

Em Saint-Cyr, Georges Mahler, com uma faca,
perseverava contra um bico de gás. Só o que fez foi
cortar a artéria do punho direito.

Quase septuagenário e completamente arruinado,
o Sr. Vincent, ex-negociante, abriu a própria
garganta com uma faca de cozinha, em Clichy.

O modelo italiano Giuseppe Ferrero, que morava
em Chaville numa casa em ruínas, foi detido
por conta de suas opiniões políticas.

880
Surpreendendo assaltantes, o Sr. Duvignier,
geômetra em Sceaux, empunhou a carabina.
Foi amordaçado e seu cofre, arrombado.

Dois mineradores de Vaucouleurs estavam presos
num desabamento de areia. Pépin foi
retirado salvo e Paxel morto.
Desp. part.

Por que aquelas duas pessoas, à noite,
no reduto Apollinaire (Dijon)?
Dois soldados atiraram. Erraram.
Havas

Por causa de seu zelo em manter Jesus nas escolas,
o Sr. de Blois foi suspenso de suas funções
enquanto prefeito de Coat-Méal.
Desp. part.

Os Srs. Weiss, Roubaud etc. embarcaram em Pauillac.
Estudarão no Congo a doença do sono.
O negro dorme demais.
Desp. part.

A ponte de El-Kantara supera em 90m a ravina.
A Constantinense Cross, de 16 anos, deu o salto.
Seu pai contrariava seu amor.
Desp. part.

Quando o Sr. Mével, padre de Saint-Eutrope,
em Morlaix, e sua criada retornaram, o caixa da
fábrica, 1224,65 francos, já não estava lá.
Desp. part.

Frédéric Pénaut, de Marselha, tem uma mulher
e um irmão. Estes se amavam. Ao menos foi o que
achou, e feriu (duas balas) seu rival.
Desp. part.

"Demissão! Abaixo os solidéus!" Com tais gritos o
público de Rennes interrompeu as deliberações
municipais. Todos expulsos.
Havas

Couderc, do 129º Regimento, Havre,
tentou reforma alegando surdez.
Em vão. Consequentemente, suicidou-se.
Desp. part.

890
Louis Gaux, de Levallois-Perret, 21 anos,
recebeu uma facada de uma jovem mulher noturna
que errava pela zona militar.

Brincadeira ou ímpeto incendiário, fuzilaram,
na calada da noite, em Bonnières, um bico de gás
vizinho a uma tina de petróleo.

Mais quatro anos e o Sr. Renard, de Verrières,
seria octogenário. Mas sofria demais com sua
doença do coração. Suicidou-se.

Um frasco flutuava. Mauritz, de Sèvres,
inclinou-se para pegá-lo e caiu no Sena.
Está agora no necrotério.

Dois cães dinamarqueses expulsaram os que entraram,
em vista de roubo, na casa da Srta. Louise Clemenceau,
de Rochefort-en-Yvelines, parente do ministro.

Azucrinada pelos sermões familiares, a jovem Rosalie
Blénard, de Saint-Denis, 17 anos, jogou-se
da janela. Pernas quebradas.

Alexandre Daubat, 48 anos, minerador em Villejuif,
não podia consolar-se da partida da mulher.
Enforcou-se em seu pomar.

Impossível rasgar o cofre do horticultor Poitevin,
de Clamart. Despeitados, os assaltantes
incendiaram-lhe a granja.

Atropelado na ponte de Charenton por uma
motocicleta, o toneleiro Roblot deu um salto
de quatro metros, mas sobre a calçada.

Entre Ville-du-Bois e Montlhéry, alguns vagabundos
deram uma surra em Thomas, alfaiate,
e esvaziaram-lhe os bolsos.

900
O marquês de Trévaudans, operário agrícola
em Sonchamps, justifica-se muito bem do roubo
a seu amigo Coiscien.

O mercador de porcos Dauvilliers ficou gravemente
ferido, após o automóvel do Sr. G. Barry ter atingido
de viés seu veículo, em Versalhes.

Um juiz de instrução bem conhecido, o Sr. Germain,
está à caça de Herm. Schirschini, dito Ezrefs,
que assassinou amiúde na Suíça.

Encapuzada com seu vestido, pois chovia aos baldes,
a Sra. Rossy, de Levalois, não ouviu vir
o fiacre elétrico que a atropelou.

Uma jovem morena vestindo um tailleur preto, e em
cuja roupa de baixo, muito fina, inscrevia-se M.B.F.,
foi recolhida da água na ponte Saint-Cloud.

Quarenta ciganos com seus dromedários e ursos,
impelidos pelos guardas, tiveram que deixar
Fontenay-aux-Roses e até mesmo o Sena.

Na câmara de vereadores de Levallois,
17 contra 17 ainda. Sua dissolução
parece inevitável e próxima.

Doze religiosos da ordem de J.-B. de la Salle
viviam em comunidade clandestina
em Marselha. Processo verbal.
Desp. part.

Detenção, em Aubervilliers, de Briancourt, 17 anos.
Recentemente, em Saint-Denis, ele matou, mas alega
que em legítima defesa, Dequinquer.

Um ciclista desconhecido derrubou, à noite,
em Fourqueaux, o artesão-carroceiro Garnier,
58 anos, o qual se feriu muito gravemente na cabeça.

910
Martin, personagem um tanto misterioso, e
em cuja fronte havia uma estrela tatuada,
foi recolhido na barragem de Meulan.

Choque em Suresnes, entre os automóveis de Alain
e Em. Pathé. Com fortes lesões aqui e ali, o Sr. Pathé
foi reconduzido a Paris, rua Richelieu, nº 98.

Como nos tempos mitológicos, um bode atacou uma
pastora de Saint-Laurent, no leito do rio Var,
onde ela apascentava seus bichos.
Desp. part.

Sob o nome de conde de Saint-Hilaire, um soldado
do 24º Regimento colonial extorquia a gente
de Perpignan. Foi detido.
Carta part.

Em Villerupt, numa rixa entre operários franceses
e italianos, um destes últimos, Cola, matou por
engano seu compatriota Biancani.
Carta part.

Por terem recolocado Deus na escola ou impedido que
o retirassem, os prefeitos de Coquerel e Fricourt
(Somme) foram afastados.
Desp. part.

O barco-piloto *Reine-d'Arvor* soçobrou nas águas
da ilha Molène. Duas vítimas:
Créach e Couillandre.
Desp. part.

Em Cannes, casamento: Jean-Georges de Saxe
e Marie-Immaculée de Bourbon-Siciles.
O rei da Saxônia estava lá.
Desp. part.

A própria Sra. Guibet, 82 anos, foi às vias de fato
com H. Jouve, o depravado. Ela deu queixa.
O Sr. Germain, juiz de Étampes, investiga.

O inglês James, uma celebridade de periferia
(atletismo, *rowing*), cortou a própria garganta em
Courbevoie: temia ficar louco.

920

Somente na rua Lécuyer, em Aubervilliers, foram
identificados, em horas diversas, dois feridos
(Huques e Savary) e um morto (Ramin).

Em sua febre, a Sra. Tobeau, 36 anos, jogou-se
da janela, na rua Magenta, em Courbevoie.
Foi a morte.

A Sra. Gillot, de Drancy, morreu em sua cisterna,
aos 70 anos: estava tirando água
e inclinou-se demais.

Septuagenários suicidaram-se: Ed. Lequent,
em Île-Saint-Denis (corda); o vendedor Bouillon,
no bosque de Meudon (revólver).

O sem-trabalho Périer quis asfixiar-se em Garches,
com seu filho, de 9 anos, faminto.
É acusado de tentativa de homicídio.

"Deixem-me morrer em paz; não vou dizer nada",
respondeu à polícia Devinder, 19 anos, apunhalado às
5 horas da manhã, na praça Carnot, Saint-Denis.

Estão partindo; as dançarinas do Laos que
enfeitavam a exposição de Marselha viajam
hoje no *Polynésien*.
Havas

Uma queixa advinda do Ministério da Guerra chegou
ontem à Procuradoria de Marselha; endereçada ao Sr.
Vignaud, responsável pelo jornal *Voix du Peuple*.
Desp. part.

Sob o túnel de Baume-les-Dames (Doubs),
um trem de carga descarrilou.
O mecânico quebrou dois dentes.

Havas

O prefeito de Chaux (território de Belfort)
foi afastado; queria a todo custo a efígie de
Deus à vista dos estudantes.

Havas

930
Derechef, o Cristo está nas paredes das escolas de
Ruaux (Vosges) graças ao prefeito Paul Zeller,
que é um de seus zeladores.

Havas

O conde Gurowsky de Wezele doa à Sociedade
da arbitragem seu castelo do monte Boron:
será um "museu da paz".

Desp. part.

De noite, em Bezons, Charraut despertou do sono
conjugal os três cunhados, dando
tiros em suas janelas.

De novo roubaram fios telefônicos: em Paray,
Athis-Mons e Morangis, 12200 metros;
em Longjumeau, 17 quilômetros.

Na zona militar, às 2 horas da madrugada,
o intérprete Michel Trubert foi atacado com um
cassetete e privado de suas roupas.

Sendo ilusória sua secularização, um processo
verbal foi expedido contra três religiosas
ursulinas, que lecionam numa escola de Auxerre.

Havas

A haste do pistão do *République* esquentou nos
ensaios em Brest. Velocidade, 16 nós; potência, 10650;
número de rotações: 100.

Desp. part.

Após o automóvel esmagar seu cachorro, camponês
de Dardilly (Rhône) atirou em outro automóvel.
Um ano de prisão, regime aberto.

Havas

O *sportsman* de Toulouse Pierre de Carayon-Tal-
payrac, 43 anos, foi detido como assaltante
e incendiário.

Desp. part.

De manhã, Kerligant saiu da prisão de Versalhes;
à noite, voltou a entrar, após ter ferido
a suscetibilidade de um guarda.

940

Esmurrado com um soco-inglês e amordaçado,
o hortelão Lody, de Vaucresson, foi roubado
na estrada, ao anoitecer.

Os governos de M.-et.-L. e de Marne infligem o martírio
da suspensão a quatro prefeitos que queriam
Deus nas escolas.

Havas

Donatien Renaud, de Esnandes (Ch.-Inf.), morreu carbonizado no xadrez municipal, ao qual, bêbado, havia ateado fogo.
Havas

Em Cenon (periferia de Bordeaux), Buile foi morto e Gazare ferido por espanhóis, que bem depressa desapareceram do país.
Desp. part.

O tecelão F. Pérout, de Golbey (Vosges), recebeu na virilha um tiro de espingarda de seu contramestre Gaspard, a quem ameaçava.
Desp. part.

Bartani, de Béziers, viúva, por ter matado o marido, dilacerou com uma bala o nariz de Foffini. "Um homem? Um cachorro!", diz ela.
Desp. part.

Cinco detenções em Montbrison (três na caserna, duas na cidade) por oito sapatos roubados num armazém regimentar.
Desp. part.

Três beberrões de Lyon batiam na jovem Anselmet, gerente de um café. Seu amante interveio, atirou, matou um e a feriu.
Havas

"Vejam só, não incomodarei mais!", disse o Sr. Sormet, de Vincennes, a sua mulher e ao amante desta, e detonou os miolos.

O jovem Jault quebrou o vômer, rachou os lábios
e cortou a língua ao cair de bicicleta,
em Saint-Jean-les-Deux-Jumeaux.

950
A Sociedade dos autores reclama ao padre de
Vaux-sur-Seine direitos sobre um concerto espiritual.
Negado. O conselho da prefeitura deliberará.

Na balastraria de Rueil, Paul Robin, 10 anos,
de Nanterre, fraturou a fronte num trilho
enquanto recolhia resíduos.

O corretor de joias Brucknoff, de Praga, deixou que
lhe roubassem sua preciosa bolsa, à noite,
no caminho de Tybilles, perto de Suresnes.

Falador irascível, Convest, de Thiais, deu com uma
barra de ferro na cabeça de seu interlocutor,
Milot, de Choisy-le-Roi.

Há onze dias, três náufragos do *George-René* estavam
à deriva numa alvarenga. Um barco a vela
os resgatou e ei-los em La Rochelle.
Havas

Solidário a Deus no caso das escolas, o industrial
Henry, de Brévilly (Ardenas), apresentou sua
demissão enquanto prefeito.
Havas

Populares e guardas de Tonnay-Charente perseguiam
no pântano o velho vagabundo Raud. Ele feriu
um e foi crivado de chumbo.
Desp. part.

Perto de Gonesse, Louise Ringeval, de 4 anos, caiu de
um trem direto, foi recolhida por um rápido e foi para
casa, na rua Daval, nº 16, Paris, apenas com arranhões.

Deu-se mal Renaud arriscando-se ao alcance da espingarda do professor Thalamas, que caçava em
Gambais. No momento, agoniza.

"104" (um apelido do lutador Nassé) andava cortejando
em Versalhes uma frágil atriz. A legítima Sra. 104 o
castigou: facada.

960
Nada além de cópias! Ao menos o dedo de são Luís
devia ser autêntico: pois os ladrões da igreja de
Poissy o carregaram.

A derrapagem de um automóvel lançou num lago, em
Sartoire, quatro negociantes. Um outro automóvel
atropelou, em Boissy-le-Sec, o Sr. Chanteloup.

O trem circular 110 descarrilou na
agulhagem de Chars. Ninguém ferido,
mas seis horas de obstrução.

Sua filha morta, seu filho longe,
a Sra. Boulet, de Buchet (comuna de Buhy),
enforcou-se de desespero.

Aproveitando a noite, salteadores tentaram a abordagem do automóvel do tenente da marinha Goybet, entre Toulon e Tamaris. *Desp. part.*

Em Yzeure (Allier), onde o crupe judia e mata, as escolas foram fechadas e serão desinfetadas. *Havas*

Recebe cuidados, em Mantes, o motociclista Pierre Devinne, 26 anos, que, ao derrapar em Flins, quebrou o braço direito.

Uma jovem mulher, Srta. Pradat, suicidou-se atirando-se pela janela do apartamento que ocupava com sua mãe em Neuilly.

Num forno de cal da avenida Pierrefitte, em Villetaneuse, o velho andarilho Méry foi encontrado asfixiado.

A Sra. Bardin e o Sr. Blais estão no hospital de Saint-Maurice. Não haviam escutado um Est-Parisien que vinha, e foram atingidos pelo trem.

970
No poste onde o amarraram, quatro policiais amadores cacetearam o jovem ladrão Dutoit, de Malakoff, por eles capturado.

No mesmo automóvel (motorista: Touldoire) que acabara de atropelá-lo em Patte-d'Oie-d'Herblay, Lenugue foi reconduzido para casa.

Perseguido por um guarda marítimo, um marinheiro jogou-se em meio a rebarbas de ferro, uma delas partindo-lhe a carótida.
Desp. part.

Um dos seus tendo sido despedido e tendo o diretor rechaçado uma delegação, 100 trabalhadores dos bondes de Nancy fazem greve.
Desp. part.

Após três dias e duas noites de debates, o júri de Foix, no caso do assassinato de Rouzaud, em Montaillon, absolve primo e pastor.
Desp. part.

O Ministério Público de Nancy detém duas jovens, ameaça outras, vigia a matrona complacente: quer os partos acontecendo.
Desp. part.

O Sr. Noury, tabelião em Fougères, inculpado por desvios e falsificações, está foragido, perseguido por um mandado de prisão.
Desp. part.

Uma linha a mais no martirológio dos prefeitos que julgam indispensável N.-S. na escola: o de Bourg-Blanc foi afastado.
Desp. part.

Um incêndio, cujos estragos avaliam-se em 40000 francos, destruiu o entreposto de um cervejeiro de Saint-Dié, Hanus.
Desp. part.

5 km acima de Nice, o rio Paillon
transbordando (chove) carregou a linha
do bonde em construção.
Desp. part.

980
O meeiro Nicol, de Montréal (Aude), mudou-se, deixando
no chiqueiro sua mãe, de 77 anos. O administrador
da propriedade a encontrou agonizante.
Desp. part.

Suicídio: sexagenária, cega há cinco anos, a Sra.
Navette, de Cluny, embebeu-se em essência
mineral e ateou fogo.
Desp. part.

Fogo bem ao centro de Lannemezan (Hte-G.),
avariando ou destruindo a prefeitura
e oito casas.
Desp. part.

Oito jovens espanhóis foram encontrados mortos
a 1 km do hospício pireneu de Rioumajou: a neve os
surpreendera em 31 de outubro.
Desp. part.

O Sr. Thalamas tem mesmo uma área de caça em
Gambais, mas não feriu ninguém: apenas o bicho corre
perigo na mira de gatilho tão certeiro.

Uma inocente, B. Nourry, trapeira em Arcueil,
vítima dos pivetes maldosos da vizinhança, morreu
de medo ou de seus ferimentos.

Em vão o juiz de instrução de Meaux o interrogou por duas horas. Maitrugue, que ele julga espião, permanece impenetrável.

Nos carros funerários dos três náufragos do *Lutin*, chegados a Brest, as famílias choraram e rezaram a noite toda sobre as cadeiras.

Desp. part.

Na avenida da Motte-Picquet foram necessários os bombeiros para libertar, das rodas do bonde que a esmagavam, uma mulher desconhecida.

Ao discutir com o jardineiro Jeannot, de Ivry, o jardineiro Buisson, de Paris, tomou uma pazada no crânio.

Caído do cavalo perto de Versalhes, o Sr. Blanchon, comandante do 22º Regimento de artilharia, ali ficou desvanecido.

990

Nada ainda sobre o escrevente Voiry, desaparecido em 16 de outubro com 1000 francos recebidos. Procuram-no nos matagais de Saint-Germain.

Num cabaré de Versalhes, o ex-eclesiástico Rouslot encontrou no décimo primeiro absinto a crise de *delirium* que o levou.

Na ponte de Saint-Cyr, o pintor Maurice esperava sua namorada. Ela demorava. Com uma bala, ele se matou: embriaguez e neurastenia.

Curtet agoniza num hospital de Versalhes, derrubado a golpe de frigideira desferido pelo vendedor de castanhas Vaissette.

Émilienne Moreau, de Plaine-Saint-Denis, jogara-se na água. Ontem saltou do quarto andar. Vive ainda, mas aguardemos notícias.

O garçom Vastaud, de Sèvres, já estava no chão e amordaçado quando com dois tiros de revólver botou para correr seus agressores.

No calor da febre, Jules Robin, de Villejuif, saltou pela janela. Morava no quarto andar.

Sem sinal de que lhe pagariam pelos álcoois dos quais estavam repletos, três bebedores estapeavam Drich. Os moradores de Villetaneuse quase os lincharam.

Em Rueil, o metrô leve atropelou Doby. Guardas e paramédicos, enviados, chegam. Nada mais: o veículo transportara sua vítima.

1000
O ferry-boat *La Seyne-Toulon* foi duramente atingido pelo *Cigogne* ou pelo *Alose*, submersível e submarino em mergulho.
Desp. part.

Para assegurar o céu, Desjeunes, de Plainfang (Vosges), cobrira de imagens piedosas a cama onde se suicidou à custa de rum.
Carta part.

De volta a Toulon devido ao mau tempo, a esquadra novamente aparelhou ontem à noite: continua seu *tour* pelo litoral.
Desp. part.

Após uma ausência de oito dias, o sargento-chefe Retz retornava ontem ao 18º Regimento de artilharia (Toulouse) e dava-se um tiro no coração.
Desp. part.

Moliterni tentou matar Abril, de Marselha, em cuja casa alojara sua amante, Bisio. A ele, a morte; a ela, 20 anos de trabalhos forçados.
Desp. part.

Alguém (Bouteiller) molestava, à noite, as vacas de Davranches, de Haucourt (S.-Inf.). Davranches, à espreita, matou-o.
Havas

Não sem esforço os guardas de Puget-Théniers conseguiram evacuar a caserna cercada pela enchente do Val.
Desp. part.

V. Kaiser, 14 anos, ia a Mt-St-Martin (M.-et-M.) ver seu pai. O depravado do bosque que atravessava ergueu-se diante dela...
Desp. part.

Perto de Couhé (Vienne), o automóvel do Sr. Blanc capotou uma bicicleta; foi reerguido em lamentável estado Sr. Leblanc, o ciclista.
Havas

A ternura de Delalande por sua criada era tal que liquidou a esposa com um garfo de jardinagem. No tribunal de Rennes: pena de morte.
Desp. part.

1010
Os Srs. Usuello e Crespi passaram muito frio (-22°) a 6000m, a bordo do *Milano*, que, saindo de Milão, atracou em Aix-en-Savoie.
Havas

As cólicas aperreiam dezoito habitantes de Matha (Charente-Inférieure): comeram cogumelos excessivamente belos.
Havas

Farmacêutico e republicano, o Sr. Estève foi eleito conselheiro-geral de Sournia (P.-O.), batendo o Sr. Rives, médico e socialista.
Desp. part.

Um suicídio e um acidente: os trens atropelaram o pastor Pichon, de Simandre (Ain), e um cantoneiro em Famechon (Somme).
Havas

A Sra. Dumont já conta um século. 50 de seus descendentes e toda a Saint-Étienne-aux-Clos (Corrèze) festejaram a ocasião.
Carta part.

Numa vala, em Vis-à-Marles (Pas-de-Calais), jazia
o jornaleiro Jean-Baptiste Despret,
59 anos, arrebentado.
Desp. part.

Alb. Cauvin foi detido na estação Saint-Lazare.
Imputam-lhe falsificações e tramoias.
A revista de suas seis malas rendeu frutos.

O revólver enferrujado com o qual atirava Demons
(rua de l'Ouest, n° 15) explodiu, dilacerando-lhe a mão
e cravejando-lhe de aço o torso.

Atravessando a via, na estação de Orléans, Germain
Delbas prendeu o pé na bifurcação entre dois trilhos.
Uma fileira de vagões esmigalhou-lhe o braço.

A corda da roldana que carregava de sacos de aveia
o vapor russo *Rockliv* estrangulou o estivador
Honoré Geoffroy, de Rochefort.
Desp. part.

1020
Suspeitam ser o vagabundo Vernier o assassino
de Étienne Roblot, trabalhador braçal
em Montmaçon (Côte-d'Or).
Por telefone

O 515 atropelou, na passagem de nível de Monthéard
(Sarthe), a Sra. Duterre. Acredita-se em acidente,
conquanto ela fosse bastante miserável.
Desp. part.

Foram cortados dois quilômetros de fios
telefônicos entre Arcueil e Bourg-la-Reine
e mais quatro em Pavillons-sous-Bois.

Foringer, dito Rothschild, trapeiro de Pantin, voltou
bêbado a casa; contrariando o filho, esvaziou um
litro de vinho e ainda rachou-lho na cabeça.

Veículos de roubo carregaram os móveis, bronzes
e vinhos das propriedades, em Clamart, dos Srs.
Pigelet, Baguet e Verdier.

Fingindo procurar nas economias dela moedas raras,
duas vigaristas embolsaram, de uma senhora
de Malakoff, uns 1800 francos das comuns.

Era já a estação de Vélizy, mas o trem
andava ainda. A impaciente Sra.
Gieger quebrou as pernas.

Desconhecidos fizeram a coleta das caixas de
ofertas nas igrejas de Saint-Germain-lès-Arpajon
e de Bruyères-le-Châtel.

Um pobre de uns 15 anos joga-se no canal, em Plaine
Saint-Denis; estendem-lhe uma vara,
ele a repele e vai ao fundo.

Sobre o ombro esquerdo do recém-nascido cujo cadáver
foi encontrado diante da caserna do 22º Regimento de
artilharia, em Versalhes, esta tatuagem: um canhão.

1030
Muita gente diz: "Vou te cortar as orelhas!"
Vasson, de Issy, nada disse a Biluet,
mas cortou-as pra valer.

Mais quatro prefeitos suspensos em M.-et.L.
Queriam conservar ante os olhos dos alunos
o espetáculo da morte de Deus.
Desp. part.

O amor. Em Mirecourt, Colas, tecelão, alojou
uma bala na cabeça da jovem Fleckenger
e tratou de si com rigor similar.
Desp. part.

Atrás de um caixão, Mangin, de Verdun, andava.
Não alcançou, nesse dia, o cemitério.
A morte o surpreendeu a caminho.
Desp. part.

Cantrelle e Grenet pescavam ao largo de Fécamp.
O barco soçobrou. Por ora o mar jogou de volta
apenas um cadáver.
Havas

Lunarès, sua mulher e o barbeiro Roca, que
chantageavam as clientes das parteiras,
foram pegos em Rouen.
Por telefone

Rua de Flandre, Marcel Baurot, e tal quíntupla
amputação lhe foi mortal, teve os dedos
cortados por uma serra circular.

Thibault e Banicot forçavam um caixa na
rua Cugnot. Importunados, fugiram atirando,
barulho que lhes custou a prisão.

Dada a inutilidade do bonde 16 da meia-noite, que
devia levá-los a Pierrefitte, 30 passageiros
acamparam, horas a fio, em Saint-Cloud.

Tendo bebido, o encanador Laplant, de Meudon, ficou
mais maleável. Seus companheiros o atordoaram
com um soco-inglês e o roubaram.

1040
Rua Poliveau e rua Lacépède, Louis Bériard
e Édouard Dessain tentaram suicidar-se,
o primeiro pela terceira vez.

Dois prefeitos, em Somme, punham-se a realocar
na parede das salas de aula a imagem do divino
suplício. O governador afastou tais prefeitos.

Havas

Foi necessária uma boa meia hora para livrar
Inghels dos troncos cuja pilha lhe despencara
por cima, no cais de Austerlitz.

Bellanger, de Prunay-sous-Ablis: como foi
estrangulado e enforcado, seu genro, Faudoire, foi
detido. Forneceu um álibi.

Os guardas de Morlaix foram a Plougar
substituir por leigos as irmãs
entrincheiradas na escola.
Desp. part.

A jovem Jeanne Guillaume, da rua de Buci,
abriu as veias do braço
durante o banho.

O alfaiate Marck tinha 60 anos. Não há mais
trabalho para um operário tão velho.
Ele e Héloïse Roncier asfixiaram-se.

Alfred Leroux, de Lens, 22 anos, cobiçava a jovem
Mathilde Huleux, 23 anos, de Pont-à-Vendin.
Ela não cedia: ele a assassinou.

Luta em Remiremont, do guarda-noturno Duchiez
com três homens que pilhavam um vagão de tecidos
e que ele não capturou.
Desp. part.

1050
À noite, Blandine Guérin, de Vaucé (Sarthe), despiu-se
na escada e, nua como uma parede de escola,
foi afogar-se no poço.
Desp. part.

Impossível encontrar, a bordo do *Amiral-Aube*,
certas peças do aparelho telefônico
alto-falante do passadiço.
Desp. part.

O marinheiro foguista Jules Pietri, de *Algésiras*
(Toulon), deixou-se pegar por uma máquina;
ela o mutilou.
Desp. part.

O dono de cabaré Maurice Berger, de Versalhes,
foi detido: há dois anos, encarcerava Victorine
Brazier, pessoa de 65 anos.

Xavier Dubreuil, operário tecelão, descia de um
trem, em Charmes, terra do Sr. Barrès.
Um trem inverso o esmagou.
Desp. part.

No alvorecer, a jovem Eugénie Gilbert, de Redon,
a quem o amor fora cruel, foi jogar-se no canal
de Nantes em Brest.
Desp. part.

Noite escura, chuva. O basculante de Bomer, de Changé
(Sarthe), foi abalroado na estrada por um bonde.
Bomer em estado grave.
Desp. part.

Para escapar de um asilo de loucos, Madec feriu um
guarda, matou um doente. Tribunal de Rouen:
doze anos de trabalhos forçados.
Desp. part.

Num veículo, à noite, na estrada de Sedan a Remilly,
o açougueiro Parpaite matou sua mulher.
Falou primeiro em suicídio.
Havas

Laranjas (260000 quilos) esperam sobre os cais
da estação de Cerbère que despachantes
e carregadoras se entendam.
Havas

1060
Empalmado em 15550 francos por Louise Lepetit, o
negociante turco Soleiman fez com que a prendessem,
mas, reembolsado pelo Grande Jules, deixou estar.

Louis Tiratoïvsky feriu mortalmente,
em Aubervilliers, a Senhora Brécourt
e suicidou-se. O amor.

Jules Marty, corretor de retrosaria, 56 anos,
e sua mulher, 38 anos, asfixiaram-se
em Saint-Ouen. A miséria.

De um andaime, uma pilha de telhas despencou
sobre a cabeça de Sosthène Lerizou,
luveiro em Perreux.

As propriedades Pouvret e Vivier, em Bellevue e
Val-Fleury, foram pilhadas, privadas até mesmo
de seus canos de chumbo.

Dar a volta ao mundo: com este projeto,
Louis Legrand, Bedroux e Lenoël, 36 anos os três,
escaparam da colônia de Gaillon.

Mistificador dos acionários de sua Beneficência
(seguros, acidentes, incêndio), o Sr. Gérodias
viu-se detido em Enghien.

Lasson, de Courcelles-sous-Jouarre, foi atropelado;
Escoffre, de Cabanial (H.-Gar), assaltado;
Bailly, de Remiremont, asfixiado.
Desp. part.

600 francos de multa para Albert: na copa dos
Pireneus, ele pilotava seu automóvel com uma
ousadia que foi mortal ao Sr. Salvaire, de Limoux.
Desp. part.

O jornaleiro Jubert, de Mans, confessa ter
assiduamente substituído a esposa pela filha
Valentine, que tem 14 anos, e que tinha 8 no começo.
Desp. part.

1070
Calen, detido na prisão de Thoaurs, e que
a sentinela não tinha acertado, matou-se ao cair
sobre uns rochedos. Estava escapando.
Desp. part.

Arthur Arnould já havia coletado em Saint-Cloud
três sinetas de igreja e os sinos de vinte e sete
casas de veraneio quando o prenderam.

No cemitério de Essarts-le-Roi, o Sr. Gauthier
havia enterrado suas três filhas. Achou por bem
exumá-las. Faltava um cadáver.

Voltando ao lar, o lavrador Vauthier, de
Chapelle-au-Bois (Vosges), encontrou sua mulher
bêbada e virtuosamente a estrangulou.
Desp. part.

O seminarista Rivollier, de Saint-Bonnet-de-Joux
(S.-et-L.), recebeu um comunicado de transferência.
De emoção, caiu inanimado e morreu.

A. Tharaud, que matou, com seu automóvel, Geneviève
Jourdain, 8 anos, foi condenado (Le Havre) a dois
meses de prisão e 6600 francos por perdas e danos.

Diante dos olhos do droguista seu amante,
uma jovem de Toulon matou-se com um tiro
de revólver no coração.
Desp. part.

Suicídio. Em Toul, o soldado Henrion, do 26º
Regimento de infantaria, atravessou seu coração
com uma bala de tiro reduzido.
Desp. part.

"Mas que podridão!", exclamou o Subsecretário
da Guerra ao sair da caserna do 2º Regimento
colonial, em Brest.
Desp. part.

Fontanières apunhalou Casterès. Cumulados, como
tantos outros em Toulouse, pelos favores da jovem
Lacombe, tinham ciúme um do outro.
Desp. part.

1080
Inspirados pela virtude ou pelo álcool, cerca
de cinquenta jovens saquearam, em Versalhes,
um asilo particularmente numerário.

No banco do veículo, o carregador de mudanças
parisiense Jean Gervat cochilava.
Em Saint-Cyr, acordou. Debaixo das rodas.

Certo jornaleiro de Montmartre chamado Fraire,
conhecido por Feioso, morreu, herdeiro estupefato,
perante tabelião de Seine-et-Oise.

A solicitude da polícia de Versalhes recaiu sobre
dezessete coitados que dormirão menos mal na prisão
do que na estação onde foram presos.

A mão armada e violentos, Thiercelin
e Chapuis, agora no cárcere em Pontoise,
roubaram J. Maceron e P. Jean.

Ao assar um porco, um aprendiz botou fogo na palha
e o abatedouro do Sr. Cornu, charcuteiro
em Vesinet, virou fumaça.

Não, o automóvel 76 da rota Gaillon não fez capotar
o carro do carregador de mudanças; ele é quem
foi lesado: ruptura numa roda da frente.

Para pôr fim a uma doença do estômago,
a Sra. Louise Normand,
de Issou, enforcou-se.

Um artilheiro do 40º Regimento atacou, nos campos
de Maizey (Meuse), uma sexagenária.
Está sendo procurado.
Desp. part.

Quatro pérolas muito bonitas foram
misteriosamente roubadas no castelo de
Gesvres-le-Duc (Crouy-sur-Ourcq).

1090
Zona militar, num duelo de facas pela
magra Adeline, o cesteiro Capello feriu
no púbis Monari, domador de ursos.

Ontem à tarde, Henri Broussin apedrejava
os passantes na rua de Paris, Montreuil.
Está agora na enfermaria da casa de correção.

Uma centena de garçons se manifestou ontem,
às seis horas, contra dois cafés: bulevar
de Estrasburgo e rua Béranger.

Poupon, Gaudin, Jiffray, Ordronneau e Granic negam
ter matado a Sra. Louet. O juiz Rambouillet
prendeu-os mesmo assim.

O crime de Prunay-sous-Athis. Parece mesmo que a
libertação da Sra. Faudoire está próxima,
mas não a de seu marido.

Dezoito dos dezenove vereadores de Tournus (S.-et.-L.)
professam que os parlamentares ganham demais
e são em demasia.
Desp. part.

Absolvidos os donos de sapataria de Marselha.
"No estado das derrogações, a lei do descanso
não se lhes aplicaria."
Desp. part.

O matricida Gauthard, que deveria passar amanhã pelo tribunal de Yonne, jogou-se pela janela: fratura da bacia.
Havas

Como uma fábrica inglesa comprara-os por seu bronze, O *Virago* e outros velhos canhões foram embarcados em Bordeaux.
Desp. part.

O cambista J. Banon estava foragido. Pego perto de Digne, foi reconduzido a Marselha, teatro de suas operações ilícitas.
Desp. part.

1100
O Ministério Público de Rambouillet ordenou a prisão da Sra. Gaudoire, filha do velho Bellanger, que se enforcou ou foi enforcado.
Desp. part.

Um incêndio destruiu, em Crezieux (Loire), uma casa que o visconde de Meaux, ex-ministro, havia enchido de móveis raros.
Havas

No povoado de Boutaresse (Puy-de-Dôme), a viúva Giron foi estrangulada, roubada e enforcada, ignora-se completamente por quem.
Havas

Cercados por cinco guardas na propriedade de Vincennes, onde assaltavam, Lambert, Rives e Liplet renderam-se.

Em Toulouse, operários de todas as corporações
manifestaram-se contra a companhia de gás,
hostil ao sindicalismo.
Desp. part.

Ao sair da estação de Vienne (Isère),
o expresso 8 atropelou o instalador Martel,
pai de nove filhos.
Havas

Com uma bala no coração, o assassino
da jovem Hureux suicidou-se em Lens, em frente
à residência da família.
Havas

Mesmo ela contra, um peão de infantaria empurrava
fortemente no balanço a jovem Laveline, de Nancy.
Queda mortal de quatro metros.
Desp. part.

O golpe desferido nas mãos sacrílegas de um agente
de inventário vale vinte dias de prisão ao bretão
Le Nadan, de Moustoir.
Desp. part.

Veneno e asfixia combinados, mataram-se em Orange
os amantes Gilles, de Piolenc, 24 anos, e uma
divorciada ainda mais jovem.
Desp. part.

1110

O Sr. Jean-Baptiste Trystam, ex-deputado, ex-senador, presidente honorário da Câmara do Comércio, morreu ontem à noite, às 8 horas.
Havas

Com uma faca de queijo, o suburbano Coste, de Marselha, matou sua irmã, que, merceeira como ele, fazia-lhe concorrência.
Por telefone

Às 5 horas, Marie Leca adentrava como doméstica na casa do Dr. Metzger; às 8, partia, carregando uns 1000 francos em peles e joias.

Quando a Sra. Blood chegou a Toulouse pelo expresso 116, parece que faltavam em suas malas uns 36000 francos em joias.
Desp. part.

Tribunal de Marne. O charreteiro Vittet recebeu pena perpétua de trabalhos forçados. Matara com quatro marteladas o prefeito Lelarge.
Havas

Em Lyon, após ter apregoado os santos protetores que combatem a influência dos leigos, encerra-se o Congresso da Ação liberal[37].
Desp. part.

---

[37] A ALP (Ação Liberal Popular) foi uma organização de direita, democrata-cristã e atuante na França entre 1902 e 1919. Seu terceiro congresso aconteceu em Lyon, de 22 a 25 de novembro de 1906.

Dezoito processos verbais foram lavrados
no curso dos incidentes que tiveram o inventário
de Plouguerneau (Finisterra) como pretexto.
Desp. part.

Tecelões grevistas de Lille jogaram lama
em seu diretor. Ele atirou,
sem atingi-los.
Havas

Latteux, de Saint-Ouen, caiu no ducto
de uma tomada d'água aberta no meio
do Sena. Afogado.

Apanhados em flagrante delito de arrombamento de
uma propriedade em Saint-Cloud, Le Marec, de Puteaux,
e Desfayes, de Nanterre, foram detidos.

1120
O sexagenário Léopold Fleuriet, que vivia de rendas
e estava caçando no território de Sagy, recebeu
uma descarga à queima-roupa.

Rua Neuve-des-Boulets, a dona de casa Dumé,
42 anos, da rua Petite-Pierre, foi trespassada por
uma bala vinda de não se sabe quem.

No terraço de um negociante de vinhos do Cais das
Flores, todas as mesas foram arrebentadas. Motivo:
o descanso semanal.

Gente se dizendo de Portugal, e provavelmente não
eram portugueses, e a Sra. de Bragança deixando
Versalhes, para decepção de seu hoteleiro.

Christian Doublier, de Pantin, de 3 anos, escaldou-se mortalmente ao cair num balde de mistura para sabão.

Os Blonquet suavam álcool. Um dono de cabaré de Saint-Maur ousou recusar-lhes bebida. Eles o acertaram com um punhal, indignados.

Era noite. Cinco pessoas iam de Damvix para Arcais; com a queda do veículo no Sèvre, três mais o cavalo afogaram-se.
Desp. part.

O prefeito marítimo de Brest recepcionou os oficiais da esquadra russa. Um deles, o sargento Gramozdine, morreu.
Desp. part.

Dois operários de via, atropelados por um vagão à deriva, foram esmagados na estação de Rochefort.
Desp. part.

Foi instalado no liceu de Amiens um medalhão de Louis Thuillier, que morreu de coléra no Egito, onde estudava a doença.
Desp. part.

Seis vagabundos (entre eles Tropernier, o chefe) que devastavam os galinheiros, estalagens e propriedades de Courbevoie foram capturados.

Cinco garotos de 12 a 15 anos, que haviam escapado
da colônia de Orgeville, foram detidos,
por mendicância, em Jeufosse.

Mondier, rua des Martyrs, n̊ 75 *bis*, lia na cama.
Ateou fogo aos lençóis e é no hospital Lariboisière
que está deitado agora.

Os jovens Guillemeau e Boileau foram
detidos em Saint-Cloud no exercício
de sua profissão, assaltantes.

A caixa de ofertas de Antônio de Pádua
foi quebrada em Saint-Germain-l'Auxerrois.
O santo procura seu assaltante.

Diante do número 18 da rua Ampère, o cocheiro
entregador Jean Habon, sexagenário, foi esmagado
por sua atrelagem desembestada.

Na Charité (sala Corvisart) e em Broussais
(laboratório), incêndios que
não feriram ninguém.

Em Oyonnax, a jovem Cottet, 18 anos, jogou
ácido no Sr. Besnard, 25 anos.
O amor, naturalmente.
Havas

Lalauze, 38 anos, ajudante de loja em Avignon,
matou-se de bicicleta em Montfavet,
onde fazia cobranças.
Desp. part.

Desta vez, a imagem do crucifixo está solidamente
aparafusada na parede da escola de Bouillé.
Uma lição para o governador de M.-et.L.
Havas

1140
As feiras do distrito de Remiremont estão
proibidas para os bois, cabras, carneiros
e porcos, por causa da febre aftosa.
Havas

Afetado por perdas monetárias, o Sr. C..., funcionário
de banco, arrebentou o maxilar com uma bala num
matagal do bosque de Boulogne.

Levando furão e cachorro, Thiercelin, de Milly, que
vive de rendas, partia à caça ontem de manhã.
Não reapareceu. Varrem-se os bosques.

Em Brest, com dezoito caldeiras acesas
e três máquinas em movimento,
o *République* marcha a 18 nós 8.
Desp. part.

Começava-se já a crer sobrenaturais os ladrões de
fios telegráficos. Eis que um deles é preso,
no entanto: Eug. Matifos, de Boulogne.

Decapitado e a barriga escancarada, Arsius,
15 anos, de Champigny, jazia sob um túnel.
Acreditava-se em crime. Não, caíra do trem.

A Sra. Briotat, de Vincennes, 71 anos, foi queimada viva (queda de sua lâmpada). Em Charenton, o berço da pequena Magot pegou fogo.

Barão Jean de Christille, ex-diplomata. Com tal nome, Ferbet (detido ontem em Choisy-le-Roi) há quinze anos tapeava a aristocracia.

O feirante François Étienne, de 22 anos, que matou, em Étampes, Louis Dallon, de 18, foi condenado a oito anos de reclusão.

O Sr. Lequeux fez com que votassem os vereadores de La Fère (Aisne) uma declaração contra a cobiça do legislador.

Havas

1150
Agarrado, no território de Belfort, por cinco alfandegários alemães, Ronfort de tal modo gritou que fugiram todos espantados para sua terra.

Havas

Não foram o prefeito de Charmoille mais sua filha que foram presos ao longo dos inventários: mas o de R..., lugar vizinho, e sua filha.

Carta part.

Marido já de Thérèse Hannot, Lhuillier, de Pierry (Marne), desposou, mês passado, Maria Lourdeau. Prisão do bígamo.

Havas

Em vez de postergar seu serviço, o Sr. Rey,
de Saint-Calais, entrincheirou-se. Arrombaram
a porta. Havia-se eclipsado.
Desp. part.

O coronel de Lestapis, do 14º Regimento de hussardos,
pede sua aposentadoria. Não lhe apraz
que inventariem as igrejas.
Havas

Considerando a anistia de 1906 aplicável aos crimes
e delitos relacionados à deserção, o conselho de
guerra de Châlons absolve Landucci.
Havas

O sindicato do arsenal de Rochefort decidiu
apresentar quatro reivindicações.
Contestação? Greve.
Desp. part.

O *Loire* partirá da ilha de Aix para a Guiana
em 21 de dezembro, com 490 condenados,
dos quais 265 forçados.
Desp. part.

Suicídio por carbonização: a Sra. Le Bise,
de Landriec (Finisterra), embebeu as saias de
petróleo e botou fogo.
Desp. part.

Lefloch, Bataille e Besnard ainda haviam recolhido
apenas dois quilômetros de fios telefônicos quando,
perto de Athis, foram detidos.

1160
"X" arranjara para si um quepe administrativo.
Assim pôde à vontade cortar 2900 metros de fio
telefônico da estrada nacional 19.

Arrombamentos castigaram Montgeron,
nas propriedades dos Srs. Loubière,
Soulier, Petit e Rayer.

Intimados a se entregarem, contrabandistas
que atracavam em Boulogne uma barca de álcool
retiraram-se a nado.

Negociante parisiense arruinado, Nicolas Darmont
enforcou-se em Châtillon; enciumado, deixado por sua
mulher, Gineys, de Deuil, asfixiou-se.

A trapeira Bassinet, de Versalhes, encontrou uns
40000 francos em títulos, e, como no *Portefeuille*[38]
de Mirbeau, devolveu-os.

Geralmente espancada por ele, Fleur des Bastions
vingou-se com canivetadas na cara de
Gabriel Mélin, de Pantin.

O prefeito de Vésinet odeia as sirenas.
Elas deverão calar-se a bordo dos automóveis
em seu território.

A Srta. Paulin, de Mureaux, 46 anos, foi assolada,
às 9 horas da noite, por um depravado (22 anos,
atarracado, chapéu de feltro sobre rosto oval).

---

[38] Peça teatral de 1903, escrita por Octave Mirbeau.

Na casa de Gabrielle Contret, cujos encantos são bem conhecidos em Lunéville, foram apreendidos acessórios para a fabricação de moedas Léopold[39].

Havas

O 61 Nation-Dauphine atropelou Joseph Guérin que, tendo deixado cair a bengala na via do metrô, queria resgatá-la.

1170
No calor de uma discussão, o chapeleiro François Tondu[40] desferiu golpes de faca contra seu pai, Jean-Baptiste.

Suscetível como um marido, Louis Dubé apunhalou na rua de Flandres sua amante, Florence Prévost.

Cais da Conférence, dois bondes atracaram-se. Vários passageiros da linha Gare de Lyon-Alma com ferimentos leves.

Uma criança sozinha (3 anos, toda de azul) foi encontrada aos prantos, ontem à noite, na praça da Bastilha.

Às 16h40 da tarde, o 463 atropelou sob um túnel o instalador Pierre Orillé, de Nanterre, mas sem matá-lo.

---

[39] Moedas com a insígnia de Leopoldo, rei da Bélgica.

[40] Como nome comum, "Francisco Tosado". Jean-Baptiste (João Batista) é o nome de um santo católico que morreu decapitado.

Na saída de um baile público em Aubervilliers, Jules Rivière mergulhou uma navalha nas costas de Henri Brabant.

Com muito custo submeteram Bourlont e Vastelot, que arrebentavam as vitrines e molestavam os cidadãos em Charenton.

Sem motivo aparente, o cocheiro Virard tomou por alvo o casal Dictus, de Gennevilliers. Uma bala atingiu a esposa.

As noites de Bas-Meudon. Uma errante arrastava Loret para um antro nupcial, e então quatro brutamontes de chinelos o assaltaram.

O dirigível militar *Patrie* fez, ontem de manhã, em Moisson, duas ascensões livres sob o comando dos Srs. Voyer e Bois.

1180
Robin e Cugnien foram recolhidos feridos, em Versalhes. Vítimas de uma agressão, dizem eles. Duelo de facas, acham outros.

A Federação republicana de M.-et.-M e o conselho municipal de Troyes estimam que os legisladores exageram seu preço.
Desp. part. e *Havas*

Um homem na ilha Harbourg, outro a bordo do *Lardieu,* à deriva, fazem sinais de desespero. Parte em sua direção um bote de Brest.
Havas

Escoltada por um velho, Jeanne Ostende,
de 18 anos, foi apunhalar numa caserna de Toulon
o marinheiro Victor Michel.
Desp. part.

O diretor dos bondes de Brest, tendo 63 vezes
infringido a lei do descanso,
pagará 63 multas de 1 franco.
Desp. part.

O governador de Finisterra queria inventariar
em Molène, em Ouessant, mas a tempestade
obrigou-o a retornar para Brest.
Desp. part.

Em Saint-Ouen, entre trapeiros. Tendo recebido de
Z. Mordiaz um golpe de porrete, Fromental
desferiu-lhe uma barra de ferro na nuca.

Designado por Napoleão, o Sr. de Dion preside amanhã
o banquete de aniversário da eleição de L. Bonaparte
à Presidência da República (1848).

Por malfeitores favorecidos pela tempestade,
assaltada a igreja de Reymer, próximo a Toulon,
que já o fora há três meses.
Havas

Quanto a Helena Pook, não gostava de apanhar.
Deixou Furth. Mas ele a encontrou em Porte d'Ivry, e
os golpes foram de faca.

1190
Presos no abrigo noturno de Bray, onde seu cachimbo inflamara a palha dos estrados, dois mascates já assavam ao abrirem o local.

Marcelle, de Sèvres, tinha o investidor Weiss em sua cama e em seu armário Julot, que de lá saiu, empunhando uma adaga catalã, e embolsou o ouro.

Pela quinta vez, Cuvillier, peixeiro em Marines, empeçonhou-se, e, desta vez, o veneno fez efeito.

"Ai!", gritou o astuto comedor de ostras, "uma pérola!" Um vizinho de mesa comprou-a por 100 francos. Preço: 30 soldos no bazar Maisons-Laffitte.

Barqueiros de Viry-Châtillon fisgaram, inchada, a Sra. Hélène Merlin. Neurastenia, diz o marido, que ela deixara há quinze dias.

Pelas sete horas da noite, alguns farrapos queimaram na praça do Théâtre-Français numa loja de roupas.

Fogo no bulevar Voltaire, 162. Um cabo foi ferido. Dois tenentes receberam na cabeça, um uma viga, outro um bombeiro.

O fuzileiro Patureau, do 111º Regimento (Toulon), morreu ontem à noite da bala acidental que ele próprio alojara perto do coração na véspera. *Desp. part.*

Durante uma patrulha, Gustave Langlois, do 4º Regimento colonial, disparou uma bala Lebel no queixo. Sua cabeça voou aos pedaços.
Desp. part.

Simplesmente porque eles haviam restaurado o verdadeiro Deus nas escolas, o procônsul de Maine-et-Loire persegue mais quatro prefeitos.

1200 Praça Cambronne, altercação entre o confeiteiro Raynouard e Louise Tumortier. Ela recebeu duas balas na coxa.

Incêndio em Orsay, nos estaleiros Morin. Dois feridos: o bombeiro Maurice e o tambor Lacheny.

As raparigas de Brest vendiam ilusão sob os auspícios também do ópio. Com várias delas a polícia apreendeu pasta e cachimbos.
Havas

Em M.-et.-L., os prefeitos não se cansam de recolocar o Altíssimo na parede das escolas, nem o governador de afastar tais prefeitos.
Havas

Em Lyon, Pierre Melani (ele matou o delegado de polícia Montial) escutou com raiva o veredicto que o condenava à morte.
Desp. part.

O delegado-chefe de Perpignan foi vaiado, assobiado e apedrejado em Villelongue, onde investigava um incidente de inventário.
Havas

A viúva Jules Morel, 72 anos, pensionista em Arnas (Rhône), foi estrangulada. Estava dormindo quando assim a trataram.
Desp. part.

"E por que não emigramos para Palaiseaux!?"
Pois bem, de cabriolé por essa estrada o Sr. Lencre foi atacado e roubado.

Deixada por Gomin, de Croix-de-Berny, Juliette Droubly, de Asnières, talhou-lhe as ventas a golpes de tesoura.

1900 concorrentes da "Gaule niortaise"[41] pescavam ontem no rio Sèvre, e 15000 curiosos incitavam os peixes a morder.

1210
Rémy Launay, aquele homem de negócios de Sèvres, que conheceu a glória ao envolver-se no caso Gouffé, morreu.

---

[41] Célebre competição de pesca em Niort, Centro-Oeste da França.

Impressão e Acabamento:
GRÁFICA STAMPPA LTDA.